主编

朱世强　黄先海　朱　慧

话说 浙大

浙江大学
校史简本

ZHEJIANG UNIVERSITY PRESS
浙江大学出版社
·杭州·

U0457799

《图说浙大：浙江大学校史通识读本》

编委会名单

顾　　问：金德水　张　曦　杨　卫

编委主任：王玉芝　罗卫东

副 主 任：沈文华　朱之平

委　　员：（按姓氏笔画排序）

　　　　　王珏人　叶　民　刘继荣　刘艳辉　吕淼华　朱之平　何春晖　余逊达　张美凤
　　　　　张淑锵　沈　坚　沈文华　陈　智　陈云敏　单　泠　金佩华　金海燕　胡旭阳
　　　　　翟国庆

主　　编：王玉芝　罗卫东

副 主 编：朱之平

策划统筹：何春晖

参编人员：吕　丰　朱惠珏　张卓群　张淑锵　金灿灿　胡　岚　龚　辉

资料提供：浙江大学档案馆

照片拍摄：卢绍庆　严炳源　潘福东　邢东文　杨　捷　韩美琳等

《图说浙大：浙江大学校史简本》

编委会名单

顾　　问：任少波　杜江峰

主　　编：朱世强　黄先海　朱　慧

副 主 编：叶桂方　王　东　马景娣

委　　员：党委办公室、校长办公室、党委组织部、党委宣传部、党委教师工作部、党委学
　　　　　生工作部、党委研究生工作部、工会、团委、国内合作办公室、发展规划处、人
　　　　　力资源处、人才工作办公室、国际合作与交流处、本科生院、研究生院、科学技
　　　　　术研究院、社会科学研究院、医院管理办公室、发展联络办公室、图书馆、信息
　　　　　技术中心、档案馆、出版社、公共体育与艺术部和教育学院相关负责人

参编人员：（按姓氏笔画排序）

　　　　　刘　新　张卓群　张淑锵　赵朝霞　高楚垒　傅天珍　楼　艳　蓝　蕾等

照片拍摄：马绍利　卢绍庆　邢东文　严炳源　杨　捷　沈　斌　洪保平　韩美琳　潘福东
　　　　　等（部分照片来源于浙大图库）

前 言

　　高校是探求新知的场所，是人类文明和社会进步的精神殿堂。大学在历史长河中，矗立起了一座座照亮人类前进方向的灯塔。了解大学，认识大学，是每一个新跨入大学校门年轻学子的"必修课"。

　　浙江大学是一所具有深厚历史文化底蕴的高等学府。她走过了一个多世纪的光辉历程。从求是书院的艰辛初创，到国立浙江大学的蔚然形成，从艰苦卓绝的"文军长征"，到办学遵湄的"东方剑桥"，从抗战胜利复员杭州，到迎接新中国第一缕阳光，从院系调整作出重大贡献，到特色办学成为东南翘楚，从世纪之交组建"新浙大"，到科学发展实现新跨越，浙江大学秉持求是精神，致力人才培养，矢志科技创新，服务社会进步，引领文化发展，书写了一段波澜壮阔的办学历史。

　　为了帮助广大同学、教师和校友了解浙大历史、领悟浙大精神，浙江大学校史研究会组织编写了这本《图说浙大——浙江大学校史通识读本》。本书以大量珍贵的历史照片和简练的文字，再现了学校一个多世纪的发展轨迹、重大事件和杰出人物，展示了代代浙大人求是创新的精神面貌。以此奉献给广大师生员工，希望大家能从中受到教益、得到启发。

　　走进浙大，感受浙大；了解浙大，热爱浙大。我们相信，广大同学、教师和校友一定会以自己的实际行动，继续书写新的辉煌，为浙江大学增光添彩。

浙江大学校史研究会

2010年6月

前　言

　　《图说浙大：浙江大学校史通识读本》自2010年出版发行以来，至今已逾十年。岁月更迭，华章日新。浙江大学各项事业蓬勃发展，办学水平和声誉显著提升。全校师生始终心怀"国之大者"，奋力"走在前列"，在创建世界一流大学征程中迈出了新的步伐。站在继往开来的历史新起点上，我们将本书重编再版，以期更好地存史育人，砥砺德行，激扬精神。

　　百廿浙大，薪火相传。学校诞生于民族存亡之际，成长于中华崛起之时，兴盛于国家繁荣之日。筚路蓝缕120余年的不懈奋斗，改革开放40余年的浙大实践，并校融合20余年的不平凡发展历程，铸就了"海纳江河、启真厚德、开物前民、树我邦国"的浙大精神。浙江大学始终秉承以"求是创新"为校训的优良传统，以天下为己任、以真理为依归，培养了大批著名科学家、文化大师以及各行各业的精英翘楚，取得了一系列重大科技与文化成果，为推动国家繁荣、社会发展和人类进步作出了重大贡献。

　　本书以图叙史，在《图说浙大：浙江大学校史通识读本》基础上增益资料，力求用鲜活生动、简洁洗练的图文形式，展示学校跨越三个世纪、波澜壮阔的光荣历史，以飨浙大师生校友及广大读者。

　　鉴往知来，砥行致远，新路征程，奋勇前行。浙大人将携手同心，牢记习近平总书记的殷切嘱托，在新使命愿景引领下，与祖国和时代同向同行，以建功立业的胸襟和格局，迈出更高质量、更加卓越、更受尊敬、更有梦想的坚实步伐，在中国特色世界一流大学建设中奋力走在前列，为以中国式现代化全面推进中华民族伟大复兴作出积极贡献。

本书编委会

2023年7月

习近平总书记对浙江大学发展建设作出重要指示

值此浙江大学第十五次党代会召开之际，向全校师生员工致以热烈祝贺和诚挚问候。

二十年来，我一直关心浙江大学的发展，为你们取得的成绩感到欣慰。希望你们再接再厉，全面贯彻党的教育方针，落实立德树人根本任务，开拓创新、奋发有为，加快建设世界一流大学和优秀学科，为以中国式现代化全面推进中华民族伟大复兴作出积极贡献！

祝大家身体健康，工作顺利！

2023年4月12日

浙江大学的办学使命与发展愿景

以天下为己任、以真理为依归，致力于思想引领和知识创新，培育担当民族复兴大任的时代新人，为中国式现代化和人类文明进步作出卓越贡献。

建设世界一流的综合型、研究型、创新型大学，成为卓越人才培养和汇聚的战略基地、文化传承和交流的重要平台、国家战略科技力量和全球创新高地。

（中共浙江大学第十五次代表大会通过）

▉ 办学沿革

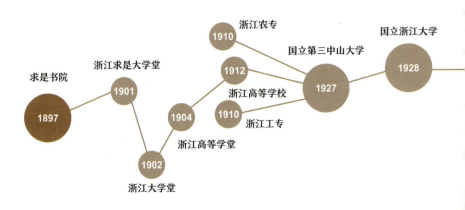

求是书院　　1897

浙江求是大学堂　　1901

浙江大学堂　　1902

浙江高等学堂　　1904

浙江农专　　1910

浙江工专　　1910

浙江高等学校　　1912

国立第三中山大学　　1927

国立浙江大学　　1928

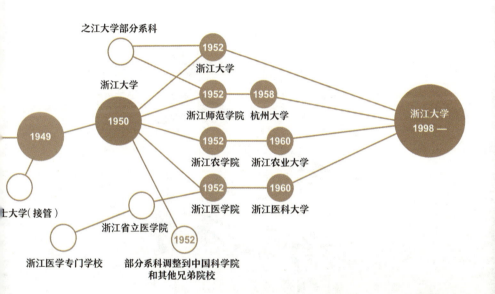

之江大学部分系科

浙江大学

1952

浙江大学

1952

1952

1958

浙江师范学院　杭州大学

1949

1950

浙江大学
1998 —

1952

1960

浙江农学院　浙江农业大学

上大学（接管）

1952

1960

浙江省立医学院

浙江医学院　浙江医科大学

1952

浙江医学专门学校　部分系科调整到中国科学院
和其他兄弟院校

求是精神

終可楨題

■ 校训

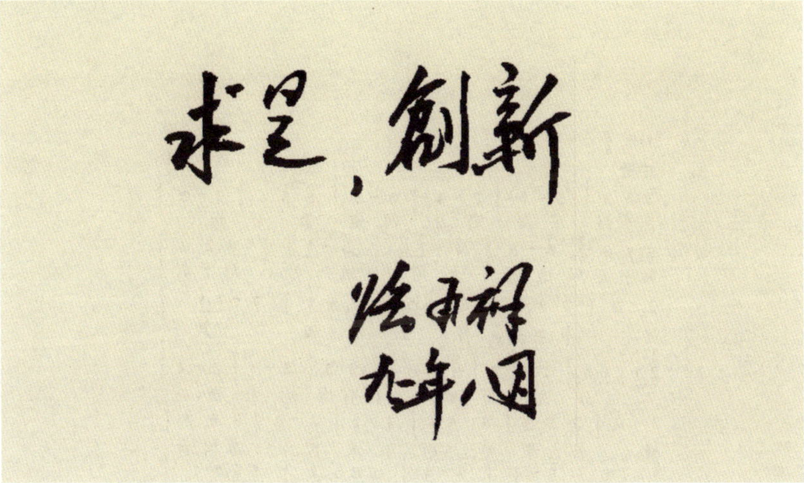

求是，创新

竺可桢
九年八月

● 浙大人共同价值观核心词　　● 浙大精神

| 勤学　修德 | 海纳江河　启真厚德 |
| 明辨　笃实 | 开物前民　树我邦国 |

▋ 浙江大学校歌

校歌译文

大海浩瀚而不自满，所以能容纳千江万河。
大学学问广阔无际，延伸到整个宇宙天地。
超越形体的称为道，有具体形貌的称为器。
礼制区别人们差异，音乐使民众和谐相处。
明白它们的统一关系，就会更加聪慧明智。

有一所国立大学，在中国东南的浙水之滨。
它以求是为宗旨，其实就是启迪大家求真。
学校教育持之以恒，方能揭示知识的真谛。
莫言已把握事物本质，更莫言已穷尽真理。
没有变革不需因袭，没有旧事物不需更新。
怎样改革创新？探究事物，做大众的先导。
诸位年轻的英才，应当明了这些重要道理。

要专注于学业，力求思想深刻、识解通明。
我们有人文、科学、农业、技术多种学科。
要融会贯通，掌握知识的源流和实践运用。
日后成才成功，犹如真金经过熔炉的冶炼。
要胸襟宽广，不偏守门户之见、宗派之私。
努力振兴祖国，使世界各国人民和谐共处。

目　录

1897

——

1927

溯源求是

1897

1927

1949

1998

第一章　溯源求是

历史概述

　　1894—1895年，中国在甲午战争中惨败并导致割地赔款，朝野震动。一场以御侮图强、兴学育人为宗旨的近代教育改革在中国各地渐然兴起。全国开始涌现各种新式高等学堂，求是书院是继北洋西学学堂、南洋公学之后，由中国人自己创办的最早的新式高等学堂之一。求是书院秉持"居今日而图治，以培养人材为第一义；居今日而育才，以讲求实学为第一义"的办学宗旨，着眼民族复兴，致力人才培养，开启了教育救国、人才兴国的探索历程，是百廿浙大文化传统的源头。师生"正其谊，不谋其利，明其道，不计其功"，形成了"勤、诚"的优良校风和"兼课中西"、救亡图强的文化特色。1927年，在求是书院的基础上成立国立第三中山大学。

1897

1927

1949

1998

历任校长一览

校名	职位	姓名	任期
求是书院	总办	林启（兼）	1897年5月—1900年5月
	总理	陆懋勋	1900年—1901年9月
浙江求是大学堂	总理	劳乃宣	1901年10月—1902年
浙江大学堂	总理	劳乃宣	1902年2月—1903年6月
	总理	陶葆廉	1903年7月—1904年
浙江高等学堂	监督	陆懋勋	1904年—1906年
	监督	吴震春	1906年—1910年
	监督	孙智敏	1910年—1912年
浙江高等学校	校长	邵裴子	1912年—1912年6月
	校长	陈大齐	1912年7月—1913年
	校长	胡壮猷	1913年—1914年

1897

1927

1949

1998

（一）求是书院的创立

　　1897年，在浙江巡抚廖寿丰、杭州知府林启等人的努力下，筹办新式学堂之议奏报清廷获准，浙江大学的前身——求是书院在杭州创立。1897年5月21日（农历四月二十日），求是书院正式开学，首批招收了"举贡生监"30名，以蒲场巷（现大学路）普慈寺为院址。林启兼任求是书院总办（相当于现在的校长）。

△ 求是书院旧址，现为全国重点文物保护单位。

△ 求是书院教室。

△ 创建于1895年的"天津北洋西学学堂"（1896年更名为北洋大学堂），现为天津大学。

△ 创建于1896年的"上海南洋公学"，现发展为上海交通大学、西安交通大学等学校。

△ 创建于1898年的"京师大学堂"，现为北京大学。

005

第一章　溯源求是
（1897—1927）

1897

1927

1949

1998

人物链接 ／ 求是书院创始人林启

　　林启（1839—1900），字迪臣，福建侯官（今福州）人。晚清进士，翰林院编修。曾任陕西学政、浙江道监察御史。1896年，调任杭州知府。在杭期间，勤于治理，倡导务实之风，重视生产、发展经济，兴办教育、富国图强，时人评价其"治杭得其政，养士得其教，为匹夫匹妇得其利"。

　　林启认为旧式书院"只空谈义理，溺志词章"，不能适应革新图强的需要，建议开办新式学堂——求是书院，此举得到浙江巡抚廖寿丰的支持。1897年初，在廖寿丰与林启的筹划下，办学之议奏报清廷获准，求是书院创立。林启任求是书院总办，负责确定章程、延聘师资、招收学生等各项事宜，还选派学生留学日本，培养了大批优秀人才。

　　除求是书院外，林启在杭还创办了养正书塾、蚕学馆等近代教育机构。1900年，林启病逝于任上，杭城百姓感其"谋邦资卓识，兴学启新知"的卓越功绩，在西子湖畔修"林社"以纪念，谓"太守遗爱，永在人间"。

图说浙大：浙江大学校史简本

△ 廖寿丰（1836—1901），字谷似，江苏嘉定人。清同治年间进士。曾任浙江按察使，后升为河南布政使。在河南，他治水患，充实粮仓，颇有政绩。1893年，升任浙江巡抚。他受维新思想影响，积极推行新政，1897年向清廷奏报请设求是书院。图为浙江巡抚廖寿丰关于成立求是书院的奏折及清光绪皇帝的朱批。

1. 求是书院办学宗旨

居今日而图治，
以培养人材为第一义；

居今日而育才，
以讲求实学为第一义。

△ 《浙江求是书院章程》第四款规定，学生必须"行旨笃实"，认为"讲求实学，要必先正其志趣"，然后才能"精其术业"。

007

第一章　溯源求是
（1897—1927）

1897

1927

1949

1998

2. 重视 "西学" 传习

　　求是书院明确规定"无论举贡生监，年在三十以内，无嗜好，无习气，自愿驻院学习者"均可报考，考生"先试经义史论时务策"。废除八股，注重考查考生的品行和实学。

　　求是书院师资课程"悉仿学堂规制"，重视"西学"传习。课程分为必修课和选读课两类。必修课有国文、英文、算学、历史、地理、格致（物理）、化学等课，以后又增开体操课。求是书院成立之初，即聘请杭州之江大学前身育英书院校长、美籍教师王令赓（E.L.Mattox）担任书院正教习，并教习理化课程。聘请陆康华教授英文，卢保仁教授算学。选读课有日文、外国史地、音乐课等。

　　在考试制度上，规定在校学生于"朔课考试化算诸学，望课考试经史策论"，即每月月初考算学、物理、化学等"西学"，月中考经史策论等"中学"，以考试"西学"、策论取代因循的"词章帖括"，摒弃科举教育的陋规。

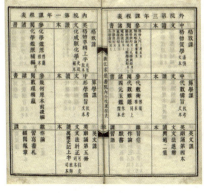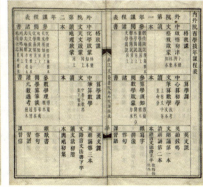

△ 求是书院设内院和外院，入读内院的学生需具有举、贡、生、监等传统的功名身份，受教育水平较高。外院生分有功名身份的经生和未取得功名身份的蒙生。图为求是书院部分课程表。

1897

1927

1949

△ 求是书院开设体操（体育）课，规定每星期一、四下午5点至6点，先柔软、次器械、次兵式。图为求是书院学生上体操课后合影（摄于1901年11月）。

1998

3. 最早选派良才赴日深造

　　求是书院是全国最早实行选送高材生赴日深造的学校之一。1898 年 8 月，刚刚变法后的清廷发出催各省选定学生赴日游学的谕旨。9 月，求是书院即选派何燏时等 4 人赴日留学，"为各省派往日本游学之首倡"，开官费留日风气之先。早期留日学生有何燏时、陈榥、陆世芬、钱承志、蒋尊簋、蒋百里、王嘉榘、许寿裳、钱家治、周承菼、厉家福、沈启芳、寿昌言、韩永康、施霖、陈其善、李祖虞等。至 1903 年，浙江留日学生总数达 154 人，居全国第二位。

何燏时（1878—1961），字爕侯，浙江诸暨人。教育家。爱国民主人士。1897年入求是书院。1898年赴日留学，1905年毕业于东京帝国大学，是中国留学生在日本正规大学毕业第一人。1912年11月，京师大学堂改成"北京大学"后，任北京大学首任校长。政协第一届全国委员会委员，参加了新中国开国大典。

蒋尊簋（1882—1931），字伯器，浙江诸暨人。军事家。求是书院内院生，1900年留学日本学习军事。1905年先后加入光复会、同盟会。曾在江西响应蔡锷起兵讨伐袁世凯。曾任浙江军政府都督等。

蒋方震（1882—1938），字百里，浙江海宁人。军事理论家。1900年考入求是书院，1901年留学日本学习军事。回国后历任陆军大学代理校长，国民党高级军事顾问、陆军上将。著有《国防论》，是把近代西方先进军事理论系统地介绍到中国来的第一人。

图说浙大：浙江大学校史简本

△ 钱家治（右一）与刚从美国归来的钱学森（右二）一家合影。

钱家治（1882—1969），字均夫，浙江杭州人。教育家。钱学森之父。早年就读于求是书院。1902 年留学日本，毕业于日本东京高等师范学校。曾任浙江省教育厅厅长，新中国成立后任中央文史馆馆员等。

△ 许寿裳（站立者）在日本与鲁迅合影。

许寿裳（1883—1948），字季茀，浙江绍兴人。著名传记作家、教育家。1898 年入读求是书院，1902 年赴日留学。1909 年回国后历任北京大学教授、西南联大法商学院院长、北京女子师范大学校长、台湾大学国文系系主任等。鲁迅挚友，著有《鲁迅的思想与生活》《鲁迅年谱》等。

（二）求是书院至浙江高等学校

　　由于国内形势的变化和清末新政的陆续推进，学校几经更名，历经"浙江求是大学堂"（1901年）、"浙江大学堂"（1902年）、"浙江高等学堂"（1904年）、"浙江高等学校"（1912年）。

△ 浙江高等学堂校舍

1. 部分校长

　　劳乃宣（1843—1921），字季瑄，号玉初。浙江桐乡人。1901年10月至1903年6月任浙江求是大学堂总理、浙江大学堂总理。1911年11月任京师大学堂总监督。著有《古筹算考释正续编》《筹算浅释》《垛积筹法》《简字全谱》《京谱简字述略》等。

图说浙大：浙江大学校史简本

1897

1927

1949

1998

吴震春（**1869—1941**），字雷川，浙江杭州人。教育家。1906 年 8 月至 1910 年任浙江高等学堂监督，在任内制定了重自治自学的方针，不拘泥于形式上的严格管理，使师生处于一种和谐气氛之中。1925 年后历任北京政府教育部参事、国民政府教育部常任次长、北平燕京大学校长等。

孙智敏（**1881—1961**），字廑才，浙江杭州人。1910 年至 1912 年任浙江高等学堂监督。清光绪癸卯科翰林，曾任翰林院编修，建德、龙游两县知县，浙江两级师范学堂监督、之江大学文理学院教授、青岛市政府秘书等。长骈文，善作诗，擅书法。著有《知足居文存》《知足居诗存》《知足居联语录存》等。

陈大齐（**1886—1983**），字百年，亦作伯年，浙江海盐人。心理学家。留学日本帝国大学文科哲学系。1912 年至 1913 年任浙江高等学校校长。曾任北京大学代理校长、台湾政治大学校长等。在中国首先建立心理学实验室。著有《心理学大纲》《现代心理学》《荀子学说》等。

2. 部分教师

宋　恕（1862—1910），字燕生，浙江温州人。近代启蒙思想家。1901 年任求是书院汉文总教习。主张变法维新、设立议院、开设报馆、兴办学校、振兴工商等，为早期维新派代表人物。

马叙伦（1884—1970），字彝初，浙江杭州人。现代教育家、语言文字学家。1905 年任浙江高等学堂国文教员。早年加入同盟会。曾任北京大学教授。1945 年底发起组织中国民主促进会，任首任中央主席。新中国成立后历任中央人民政府委员、第一任教育部部长、高等教育部部长等职。中国科学院学部委员（院士）。

沈尹默（1883—1971），原名君默，字中，号秋明，浙江湖州人。书法家、诗人。1908 年任浙江高等学堂教员。曾任北京大学教授，参与《新青年》杂志办刊，为五四新文化运动倡导者之一。书法艺术造诣精深，时有"南沈北于（于右任）"之称。

1897

1927

1949

1998

3. 聘请外籍教师授课

从求是书院至浙江高等学校时期，学校陆续聘任了一批外籍教师来校执教，以提高西学教习水平。

王令赓
（E.L. Mattox）

美籍教员
求是书院首任正教习

斯坦利·库尔·亨培克
（Stanley K. Hornbeck）

美籍教员

保罗·戴尔·梅里卡
（P.D. Merica）

美籍教员

铃木珪寿

日籍教员，在浙江高等学堂任教满5年，得到清政府的嘉奖。

求是书院至浙江高等学堂时期聘请外籍教师统计表

姓名	国籍	授课情况	入校年份
王令赓 （E.L. Mattox）	美国	理化	1897年
迁安弥	日本	外国地理、历史	1905年
铃木珪寿	日本	博物	1905年
元桥义墩	日本	音乐	1906年
富长德藏	日本	体操	1907年
吉加江宗二	日本	图画	1908年
永漱久七	日本	图画	1909年
斯坦利·库尔·亨培克 （Stanley K. Hornbeck）	美国	历史、地理、法文、辨学	1910年
保罗·戴尔·梅里卡 （P.D. Merica）	美国	物理、化学、数学、德文	1910年

（三）浙江工专与浙江农专

1914年，因学制改革，浙江高等学校一度改办。20世纪初期，浙江工专和浙江农专先后成立，开启了浙江高等工业教育和高等农业教育的历程，浙江的高等教育得以延续。

1.开创浙江高等工业教育

1910年11月26日，浙江巡抚增韫专折上奏清廷获准，筹办浙江中等工业学堂。1911年3月27日，浙江中等工业学堂正式开学，校址设在杭州蒲场巷杨官弄报国寺（原铜元局旧址）。1912—1920年期间先后改称浙江公立中等工业学校、浙江公立甲种工业学校、浙江省立甲种工业学校，1920年升格为浙江公立工业专门学校（简称浙江工专）。下设电气机械科和应用化学科（后改称电机工程科和化学工程科），学制4年，预科1年、本科3年。学校附设甲种工业学校，招甲、乙二类讲习生，甲种分机械、电机、应用化学、染织4科；乙种分金工、木工、锻工、铸工、力织、染色、捻丝、纹工、原动、制纸、制革、油脂等12科。这是浙江高等工业教育的发端。1927年，浙江工专改组为国立第三中山大学工学院。

1897

1927

1949

1998

△ 浙江工专的校址杭州蒲场巷杨官弄报国寺。

浙江中等工业学堂至浙江公立工业专门学校历任校长

姓名	任期
许炳堃	1910年11月—1924年1月
徐守桢	1924年2月—1927年3月
李熙谋	1927年4月—1927年7月

017

第一章 溯源求是
（1897—1927）

1897

1927

1949

1998

许炳堃（1878—1965），字挺甫，浙江德清人。实业教育家。1910—1924年任浙江公立工业专门学校校长，定校训为"诚朴"二字，强调高水平、严要求，"手脑并用"的办学方针，培养"有坚强之体魄，健全之道德，正确之知识，果毅之精神，敏活之动作，娴习之技能"的"理想上完全工业人才"。

李熙谋（1896—1975），字振吾，浙江嘉善人。毕业于南洋大学。后留学美国，获麻省理工学院电机工程硕士、哈佛大学哲学博士学位。1927年任浙江公立工业专门学校校长。同年10月又因浙江工专与浙江农专等校合并改组成国立第三中山大学，李熙谋任工学院院长。

2. 开创浙江高等农业教育

1910年3月3日，浙江巡抚增韫奏请设立高等农业学堂和农业教员讲习所。同年9月成立农业教员养成所，后又改称农业教员讲习所。校址在杭州马坡巷，后迁到横河桥。1912年改称浙江中等农业学堂，后改称浙江省甲种农业学校，1913年4月迁入杭州笕桥新校舍。1924年升格为浙江公立农业专门学校（简称浙江农专），这是浙江农业高等教育的起点。1927年，浙江农专改组为国立第三中山大学劳农学院。

△ 浙江公立农业专门学校校园。

1897

1927

1949

1998

浙江中等农业学堂至浙江公立农业专门学校历任校长

姓名	任期
陆家鼐	
任寿鹏	1910年9月—1911年
金兆枌	
姚汉章	
叶芸	1912年
吴崌	1913年1月—1913年7月
陈嵘	1913年7月—1915年7月
黄勋	1915年7月—1916年7月
周清	1916年7月—1921年6月
陆海望	1921年7月—1921年11月
高维巍	1921年12月—1923年12月
许璇	1924年1月—1924年12月
高维巍	1925年1月—1925年11月
钱天鹤	1925年11月—1927年3月
谭熙鸿	1927年4月—1927年7月

许　璇（1876—1934），字叔玑。农学家、农业教育家，中国农业经济学科先驱。1924年任浙江公立农业专门学校校长。1927—1933年，任国立第三中山大学劳农学院、浙江大学农学院教授，农业社会系主任，教务主任。提出"熔学术教育与农村事业于一炉"的教育方针。

谭熙鸿（1891—1956），字仲逵。农业教育家。1927年5月任浙江公立农业专门学校校长。同年8月至1931年9月，任国立第三中山大学、浙江大学劳农学院院长。中国现代第一代生物学教育家之一。

019

第一章　溯源求是
（1897—1927）

1897

1927

1949

1998

（四）反帝爱国运动

　　19世纪末20世纪初，正值国事动荡，求是学子开展了传播民主、倡言革命、反帝爱国等一系列进步的社会活动。求是书院及以后的浙江高等学堂、浙江工专、浙江农专，成为传播民主革命思想的重要基地。师生中不乏有民主革命思想者，诸如：沈尹默、蒋百里、沈乃熙、倪维熊、陈去病等。

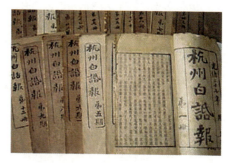

△ 曾由求是书院教师孙翼中主笔的《杭州白话报》，以内容丰富、通俗易懂，批评社会陋俗、提倡妇女解放而受民众广泛欢迎。

◁ 1919年，浙江甲种工业学校学生夏衍在杭州参加五四运动，参与创办进步刊物《浙江新潮》。

1897
1927
1949
1998

● 护路拒款运动

清朝末年，宣布实施铁路收归国有。1907年，清政府拟与英国订约借150万英镑修建苏杭甬铁路，并以出让路权为条件，激起江浙人民的愤怒。杭州、苏州、绍兴、宁波等地的士绅、学界、商界相继成立国民拒款会或拒约会等团体，要求拒洋款，集民股，保路权，并开展宣传请愿活动。

浙江高等学堂的学生积极投身于这场爱国运动。他们发动全省各校学生，成立了"浙省学校联合拒款会"，上街下乡，宣传拒款的意义，号召大家节衣缩食，集款认股，反对借款，保护路权。浙江高等学堂学生在学界首先发起的"拒款运动"，得到全省各校师生和社会各界的普遍响应和支持，取得了斗争的胜利，英国掠夺苏杭甬铁路建筑权的野心终未得逞。1909年8月，江浙自办的沪杭铁路全线通车。

▽ 1909年8月，沪杭铁路沪嘉段举行通车典礼。

人物链接 / "戏里戏外皆传奇"夏衍

夏衍（1900—1995），原名沈乃熙，字端先，浙江杭州人。中国新文化运动的先驱者之一，著名电影、戏剧作家，文艺评论家，翻译家，社会活动家。

1916年入浙江公立甲种工业学校染织科学习。五四运动爆发后，与同学创办当时浙江第一份进步刊物《双十》（从第2期始更名为《浙江新潮》）。1927年加入中国共产党，是中国进步电影的开拓者、领导者。创作有电影剧本《狂流》《秋瑾传》《风云儿女》，话剧《上海屋檐下》及报告文学《包身工》等，对20世纪30年代进步文艺产生巨大影响。新中国成立后，历任文化部副部长、中国文联副主席、中国电影家协会主席等。

△ 夏衍学籍卡。

人物链接 / 近代著名诗人陈去病

陈去病（1874—1933），原名庆林，字巢南、佩忍，江苏苏州人。近代诗人，南社创始人之一。1901—1911年执教于浙江高等学堂。早年参加同盟会，追随孙中山先生宣传革命，在推翻清王朝的辛亥革命和讨伐袁世凯的护法运动中作出重要贡献。其诗多为咏怀之作，抒发推翻清廷探求救国的壮志与情怀。

△ 陈去病（右一）与孙中山（前排中）等人在杭州合影。　　△ 陈去病手迹。

023

第一章 溯源求是
（1897—1927）

1897

1927

1949

1998

（五）求是精英

　　求是学子在社会上赢得了良好声誉，许多人日后都为国家民族作出了贡献。如夏元瑮、邵飘萍、都锦生、何炳松、陈布雷、郑晓沧、沈西苓、夏衍、常书鸿、查济民等。

△ 在上海的部分浙江高等学校毕业生合影（有徐永祚、马公愚等）。

△ 1927年1月，浙江高等学校旅沪同学举行第三次同乐会（前右一为陈布雷）。

人物链接 / "新闻界泰斗"邵飘萍

　　邵飘萍（1886—1926），原名新成，又名镜清，后改为振青，字飘萍，浙江东阳人。我国新闻事业的先驱者之一，《京报》的创办人，新闻界泰斗。毛泽东主席说他是"一个具有热烈理想和优良品质的人"。著名爱国将领冯玉祥曾称赞他："飘萍一支笔，抵过十万军。"

邵飘萍14岁中秀才，1906年考入浙江高等学堂。1908年，他积极参与杭城各校联合举行的运动会，与陈布雷一道担任新闻编辑，创办《一日报》，广受师生欢迎。从浙江高等学堂毕业后，在杭州与报人杭辛斋联合创办《汉民日报》，担任主笔，正式进入报界。袁世凯称帝后，邵飘萍为《时事新报》《申报》《时

△ 邵飘萍主编《汉民日报》。

报》等报刊撰写大量稿件，抨击袁氏罪恶阴谋，揭露批判军阀政府。

第一次世界大战期间，段祺瑞内阁会议匆忙做出参战决定，但秘不公开。中外记者使尽浑身解数也无法得悉。邵飘萍决心深入"虎穴"采讯。段氏虽然接见了但绝口不谈和战决定。见此，邵飘萍为探机密，计上心头，立誓道：三天之内如在北京走漏风声，愿受处置，并以全家生命财产为保。段氏无奈，只得披露参加协约国对同盟国作战的决定，甚至连其中细节也吐露无遗。邵飘萍如获至宝，决定将消息发表于上海，随即以密电传沪。在上海的申、新二报以号外特大新闻发表，印数十万份，消息传遍上海滩。五天后，号外慢慢流入北京，段氏如梦初醒。

人物链接 / "织锦之王"都锦生

　　都锦生（1897—1943），号鲁滨，浙江杭州人。1919年毕业于浙江省立甲种工业学校染织科后，留校担任染织科纹工场管理兼图案课教师。在教学实践中，亲手织出我国第一幅丝织风景画"九溪十八涧"。

　　1922年5月15日，都锦生在杭州茅家埠家中办起都锦生丝织厂，首创丝织风景、人物图像、美术图案等产品。由于产品新颖别致，很受社会欢迎。1926年，丝织厂在艮山门外购地10多亩，建造新厂房，扩大生产，有手拉机近百台、轧花机5台，职工130多人。在全国各地开设营业所，遍及上海、南京、汉口、北平、广州、香港等13个城市，产品远销东南亚和欧美等地。1926年，都锦生丝织厂的产品获美国费城国际博览会金奖，誉满全球。

△ 都锦生学籍卡。

1897

1927

1949

1998

人物链接 / "敦煌守护神" 常书鸿

常书鸿（1904—1994），别名常廷芳，浙江杭州人。敦煌学家、画家。敦煌文物保护研究的开拓者和奠基人，被赵朴初先生誉为"敦煌守护神"。

1918年考入浙江省立甲种工业学校学习染织专业，毕业后留校任教。

1927年赴法留学，1932年夏以油画系第一名的成绩毕业于里昂国立美术学校。1936年回国，历任北平艺术专科学校教授、敦煌艺术研究所所长，敦煌研究院名誉院长、研究员等职。1943年，常书鸿来到敦煌，从此投身于莫高窟的保护和研究工作，在莫高窟坚守40年，对残存的486个洞窟逐一登记造册，组织修复了大量壁画，搜集整理流散文物，撰写了一批有很高学术价值的论文。先生致力于普及敦煌艺术。1949年，他在南京举办敦煌艺术临摹画展，轰动江南。1956年在北京开幕的敦煌艺术展览，更是轰动了整个中国。他对敦煌研究是如此的挚爱，1994年病逝之际，虽身在北京却念念不忘敦煌，要求把自己葬在大漠之中，以守护敦煌莫高窟。

常书鸿与浙江大学情谊深厚。1982年3月，他举家从敦煌迁到北京，4月即回母校参加85周年校庆。玉泉校区逸夫科技馆墙上的大型油画《攀登珠峰》（高3.3米、宽6米），就是他与夫人李承仙于1982年合作绘制献给母校的。他祝贺浙大88周年校庆所作书法《新竹高于旧竹枝》、祝贺浙大90周年校庆的画作《临抚敦煌北魏飞天四身》，被学校档案馆珍藏。

▷ 常书鸿、李承仙夫妇祝贺浙江大学建校85周年校庆，合作绘制的大型油画《攀登珠峰》。

◁ 常书鸿、李承仙夫妇祝贺浙江大学建校90周年校庆，合作绘制的巨幅《临抚敦煌北魏飞天四身》。

人物链接 ／ 浙江医药专门学校主要创办人韩清泉、厉家福

韩清泉（1884—1921），字士濒，浙江慈溪人，就读于养正书塾，1902年由浙江大学堂资送，官费赴日留学，派赴日本学习医科，1904年入金泽医学校学习医学。韩清泉在日本弘文学院学习日语时，与鲁迅、厉家福同学，学成归国后任浙江高等学堂校医。

厉家福（1885—1975），字绥之，浙江杭州人。1899年考入求是书院，1902年赴日本游学，毕业于日本金泽医学专门学校和日本京都帝国大学医学部。他是中国第一代西医，中国西医学教育先驱，近现代著名医学家、医学教育家、爱国民主人士、社会活动家，杭州市红十字会创始人之一。

　　1911年，韩清泉、厉家福等留日学医同学在杭州羊市街创设浙江病院，韩清泉任院长。这是杭州人筹建的第一所西医医院，因治疗效果好，收费低廉，深得社会好评。为培养更多医学人才，1912年6月，在浙江病院的基础上创办浙江医学专门学校，翌年更名浙江公立医药专门学校，韩清泉兼任校长，这是我国第一所由国人自主创办的培育医、药专门人才的学校。

1927
—
1949

第二章

探求崛起

1927—
1949

1897

1927

1949

1998

第二章 探求崛起

历史概述

1927年7月，在"大学区制"背景下，南京国民政府在杭州成立第三中山大学，设址原浙江高等学校。8月冠名"国立"，称国立第三中山大学。1928年2月，国立第三中山大学改名为浙江大学，5月定名国立浙江大学。蒋梦麟、邵裴子、程天放、郭任远、竺可桢先后出任校长。

1937年7月，抗日战争全面爆发。9月，杭州告急。为延续文脉，为国育才，浙江大学在竺可桢校长的率领下，举校西迁，坚持办学。西迁办学是浙江大学发展史上的一个重要时期，浙大在烽火硝烟中崛起，成为当时中国"最好的四所大学之一"。这一时期也是浙江大学"求是"精神全面形成并得到迅速发展的重要时期。竺可桢校长以培养"公忠坚毅、担当大任、主持风会、转移国运的人才"为育人目标，确立"求是"为校训，并将"求是"精神阐释为牺牲精神、奋斗精神、革命精神和科学精神。全校师生力行求是，不畏艰险，追求真理，创造了中国近代高等教育史上的奇迹。

1949年5月3日，杭州解放。翌月，中国人民解放军华东军区杭州市军事管制委员会对国立浙江大学实行军事接管，浙江大学的历史从此翻开了崭新的一页。

历任校长一览

校名	姓名	任期
第三中山大学	蒋梦麟	1927年7月—1927年8月
国立第三中山大学	蒋梦麟	1927年8月—1928年2月
浙江大学	蒋梦麟	1928年2月—1928年5月
国立浙江大学	蒋梦麟	1928年5月—1930年7月
	邵裴子	1930年7月—1932年3月
	程天放	1932年3月—1933年3月
	郭任远	1933年3月—1936年4月
	竺可桢	1936年4月—1949年5月

1897

1927

1949

1998

（一）成立国立第三中山大学

1927年7月15日，第三中山大学在原浙江高等学校（求是书院）的旧址蒲场巷宣告成立，蒋梦麟任校长。改组浙江工专和浙江农专为第三中山大学下属的工学院和劳农学院，同时筹建文理学院。8月3日，第三中山大学冠名"国立"，称国立第三中山大学。

△ 1927年8月3日，国民政府教育行政委员会发布第22号令，决定第三中山大学冠名"国立"二字。

033

第二章　探求崛起
（1927—1949）

1897

1927

1949

1998

人物链接 ／ 教育家蒋梦麟

　　蒋梦麟（1886—1964），原名梦熊，字兆贤，号孟邻，浙江余姚人。著名教育家、政治家。1903年入浙江高等学堂学习，次年中秀才。1912年曾赴美留学，主攻教育学，获博士学位。1917年归国。曾任孙中山秘书、北京大学校长、浙江省教育厅厅长、大学院院长、教育部部长等职。

　　蒋梦麟长期辅佐蔡元培处理北京大学校务，以学术自由、教授治校等现代西方教育理念对北京大学进行了一系列改革。1926年秋，因北大学潮惹恼北洋军阀，被迫南下浙江。北伐军进入浙江后，着手筹办浙江大学研究院。后因经费不敷，先行创办大学，并于1927年出任第三中山大学校长。

　　蒋梦麟担任校长期间，慎选师资，广揽人才。仅几年工夫，聘得钱宝琮、郭任远、张绍忠、梁希、刘大白、袁敦礼、顾毓琇、潘承圻、许璇等不少国内外一流的学者来校任教，为浙江大学的长远发展奠定了良好的师资基础。他重视劳农学院的建设与发展，创办湘湖农场和经济林场，作为农林科学实验和教学实习基地，为后来浙江大学的进一步发展打下了良好的基础。

1897

1. 试行浙江大学区制

1927

1949

1998

1927年，国民政府改革教育管理制度，中央设立大学院作为全国最高学术教育行政机关，在地方以省或特别区为单位设立若干大学区，以所在省或特别区之名称命名，区内各设大学一所，大学校长综理区内一切学术研究和教育行政事宜。7月15日，浙江省宣布试行大学区制。浙江省政府通过蒋梦麟提出的国立第三中山大学综理浙江大学区教育行政条例，规定"国立第三中山大学，承中华民国大学院之命，综理浙江大学区内一切教育行政事项，在中华民国大学院未成立时，承国民政府教育行政委员会之命"。

大学区制在浙江的实施未遇大碍，但在江苏和平津却遭到强烈反对与责难，甚至出现众多著名大学学生游行示威并组织护校运动。国民政府不得不于1928年10月，决定撤销中华民国大学院，重新改为教育部，并任命蒋梦麟为教育部部长。7月30日，浙江大学区教育行政事务重归浙江省教育厅管理，浙江大学区宣告停办。

△ 《第三中山大学条例》（1927年8月1日刊登于《申报》）。

2. 院系设置

国立第三中山大学下设工学院和劳农学院，筹设文理学院，形成相对完备的学科体系。工学院由原浙江公立工业专门学校改组而来，下设电机工程、化学工程、土木工程三科，李熙谋出任工学院院长。劳农学院由原浙江公立农业专门学校改组而来，下设农艺、森林、园艺、蚕桑、农业社会五科，谭熙鸿为劳农学院院长，1929年改称农学院。

1928年文理学院正式建立，原浙江高等学校校长邵裴子任院长。文理学院开设本科10个学门：中国语文门、外国语文门（先设英文部）、哲学门、数学门、物理学门、化学门、心理学门、史学与政治学门、体育学门、军事学门。

工、农两院的附设高中，改由浙江省教育厅委托浙江大学代办，改名为"国立浙江大学代办浙江省立高级工科中学"、"国立浙江大学代办浙江省立高级农科中学"。1933年8月，改名"国立浙江大学代办浙江省立高级工业职业学校"和"国立浙江大学代办浙江省立高级农业职业学校"。附设学校培养了徐光宪、吴冠中等优秀人才。

△ 国立第三中山大学校门（摄于1927—1928年间）。

△ 徐光宪学籍卡。

△ 吴冠中学籍卡。

△ 吴冠中作品《晴转多云》。

1897
1927
1949
1998

（二）定名国立浙江大学

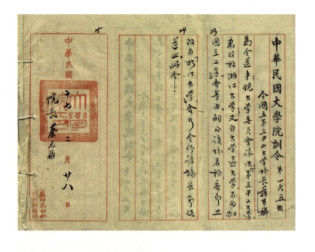

◁ 1928年2月28日，大学院院长蔡元培签署第165号训令，将国立第三中山大学改称为浙江大学。

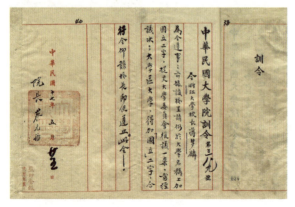

◁ 1928年5月25日，大学院院长蔡元培签署第389号训令，批准浙江大学前冠以"国立"，称国立浙江大学。

（三）初具现代大学格局

　　国立浙江大学根据社会需求增设系科，注重实验和实践，延聘了一批声望卓著的学者来校任教，人才培养质量不断提高，在教学、科研、实验等方面都取得了初步成效。建校初期，学校以求是书院旧址为校址，扩建校舍，开辟农场，添加图书设备，逐步完善办学条件，为浙大日后发展奠定了良好基础。1928—1936年，蒋梦麟、邵裴子、程天放、郭任远相继担任校长。

人物链接 ／ 教育家邵裴子

　　邵裴子（1884—1968），原名闻泰，又名长光，别号培之、裴子，浙江杭州人。教育家、经济学家，浙江省文保事业的创始人和开拓者。1899年考入求是书院。毕业后曾留学美国斯坦福大学攻读经济学。曾任浙江高等学校校长、第三中山大学筹备委员会委员、文理学院院长、国立浙江大学副校长等职。1930年7月，任国立浙江大学校长。新中国成立后，曾任全国人大代表、全国政协委员等。

1897

1927

1949

　　邵裴子执掌校务期间，尊重教授，作风民主，吸引社会各界贤达名流受聘浙大。浙大历史上的几位著名教授，如贝时璋、苏步青、陈建功、郑晓沧等，都是邵裴子在任时礼聘来浙大任教的。当年苏步青在浙大执教，因经济窘迫，曾萌生退意。邵裴子以自己月薪接济苏步青，从而挽留了苏步青，并在浙江大学历史上留下了一段佳话。

　　邵裴子办学注重教学质量，强调大学教育之目的，以培养通才为主。一、二年级着重基础课，三、四年级着重专业课，其中有必修课，也有选修课。这些先进的教学理念与方法，一直沿用至今。

1998

△ 邵裴子在伏案工作。

人物链接　/　心理学家郭任远

郭任远（1898—1970），现代心理学家。1916年考入上海复旦公学。1918年赴美国加州大学伯克利分校，主攻心理学。1923年回国，任复旦大学教授，1924年任副校长。1928年任浙江大学教授。1933年3月至1936年4月任浙江大学校长，并创立心理学系。1936年起赴美、英等国讲授心理生物学。

郭任远是国际闻名的行为派心理学家。早在1921年就发表论文《放弃心理学中的"本能"说》，提出人类行为后天造就的新观点，引起了世界心理学界的重视。1927—1936年郭任远相继在南京中央大学和浙江大学度过了十年的管理、教学和科研生涯，以新颖的构思开展反对本能的先天概念的著名实验，独创"猫鼠同笼"实验、创用"郭窗"方法研究鸡的胚胎行为的发展，发表了一系列关于胚胎行为的重要论文。这些实验技术与成果使他成为国际上具有特殊贡献的心理学家。

他的主要著作有《人类行为》《行为学基础》《心理学与遗传》《行为主义心理学讲义》《行为学领域》《行为的基本原理》等，在国内外发表论文近40篇。

1. 优秀师资执教浙大

贝时璋　　　　　刘大白　　　　　苏步青　　　　　李寿恒

李熙谋　　　　　陈建功　　　　　赵曾珏　　　　　钱宝琮

顾毓琇　　　　　蔡邦华　　　　　潘承圻　　　　　金善宝

　　学校延聘贝时璋、苏步青、陈建功、钱宝琮等著名学者相继来校任教，为浙大的日后发展奠定了良好基础。

人物链接 / 生物物理学奠基人贝时璋

贝时璋（1903—2009），浙江宁波人。细胞学家，我国实验生物学的先行者和生物物理学的奠基人，细胞重建学说的创始人，中国科学院学部委员（院士）。1928年获德国图宾根大学博士学位后留校任助教，1929年回国。曾任浙江大学生物系主任、中国科学院实验生物研究所所长。

贝时璋年仅27岁就受聘浙江大学副教授兼生物系主任，负责筹建浙江大学生物系。1932年，他在杭州西湖附近松木场的稻田里，采集到甲壳类动物丰年虫的中间性个体，并开始以丰年虫为材料，研究它的性变化原因，进而从丰年虫生殖细胞的变化上发现了性细胞重建现象。由于在生物学特别是在细胞重建方面的杰出研究，贝时璋被德国图宾根大学三次授予博士学位，人称"钻石博士"。2003年，国际小行星命名委员会批准，将中国科学院国家天文台于1996年10月10日发现的国际永久编号第36015号小行星命名为"贝时璋星"。

1897

1927

1949

1998

人物链接 ／ 函数论学派创始人陈建功

陈建功（1893—1971），浙江绍兴人。数学家，中国科学院学部委员（院士）。1919年起先后在浙江省立甲种工业学校、浙江公立工业专门学校任教，曾任浙江大学数学系主任、台湾大学教务长。1952年院系调整后，从浙江大学调往复旦大学。1958年调回杭州大学，任副校长。

陈建功爱才让贤，归国后向校长邵裴子极力推荐苏步青。1931年，苏步青来校任教，他主动辞去数学系主任之职，由苏步青担任。陈建功培养人才，一丝不苟，十分认真。学生夏道行曾回忆："陈老上课从不带讲稿，事前做好充分的准备，教学内容都要求自己能全部背出来。他对我说，他除了讲课前一天备课时就能背出外，在上课的当天早上自己还丢开讲稿再默诵一遍，可见他对教学的认真程度。"

陈建功以日文在日本出版的《三角级数论》，是世界上最早的三角级数论专著，反映了当时国际数学领域的最新成果。曾与苏步青共同创立了蜚声中外的微分几何"浙大学派"。

▷ 陈建功撰写的数学著作《富理级数之蔡茶罗绝对可和性论》（封面由竺可桢校长题写）。
▷ 陈建功夫人朱良璧1945年在美国《数学年刊》发表的论文《关于傅里叶级数的一般部分和》。

人物链接 ／ "东方第一位几何学家"苏步青

　　苏步青（1902—2003），浙江平阳人。数学家，中国科学院学部委员（院士）。1931年毕业于日本东北帝国大学研究生院，获得理学博士学位。同年回国。曾任浙江大学理学院数学系系主任、训导长、教务长，复旦大学教务长、副校长、校长，政协全国委员会副主席等职。

　　在日本留学时，苏步青即与浙大数学系陈建功约定，"把浙大数学系办成世界第一流的数学系，为国家培养人才"。学成后，苏步青即归国加盟浙大数学系，任副教授。不久，升为教授。浙大西迁办学期间，他不畏条件艰难，住在破庙，常在桐油灯下写教材，搞研究，完成了《射影曲线概论》和《射影曲面概论》，在微分几何研究领域不断深入，从而开创了中国微分几何学派，把浙江大学的数学研究推进到了世界的前沿。微分几何大师、德国的布拉施克教授称赞苏步青是"东方第一位几何学家"。2019年11月8日，国际小行星命名委员会批准，将中国科学院紫金山天文台于2008年2月29日发现的国际编号为第297161号小行星命名为"苏步青星"。

1897

1927

1949

1998

2. 早期办学情况

△ 国立浙江大学校门。

△ 图书馆。

△ 电机实验室。

△ 农学馆。

△ 学校秘书处。

△ 图书馆阅览室。

△ 物理化学实验室。

1936 年国立浙江大学院系设置

工学院	电机工程学系 化学工程学系 土木工程学系 机械工程学系
农学院	农艺学系 园艺学系 植物病虫害学系 蚕桑学系 农业经济学系
文理学院	外国语文学系 教育学系 史地学系 数学系 物理学系 化学系 生物学系

△ 文理学院大门。

△ 工学院大门。

▽农学院大门。

1897

1927

1949

1998

　　国立浙江大学重视科学和艺术的调和，由师生组建的新剧团体经常在校内外演出，并获得好评。体育活动如火如荼，足球队和排球队曾多年蝉联杭城锦标赛桂冠。

△ 《湖上的悲剧》剧照。

△ 叠罗汉。

△ 剪式跳高。

1897

1927

1949

1998

△ 国立浙江大学代表队参加省运动会。

△ 校刊的运动会特刊。

国立浙江大学女子篮球队合影。

1897

1927

1949

1998

（四）学生爱国民主运动

  1931年震惊中外的"九一八"事变爆发，国立浙江大学学生组织抗日救亡宣传队分赴各地，发动声势浩大的抗日救国示威游行，又到南京直接向国民政府请愿，要求国民政府出兵抗日。1935年12月，"一二·九"运动的消息传到国立浙江大学，全校学生群情激愤，集会声援北平青年学生的爱国壮举，掀起了巨大的抗日救亡高潮。

△ 1931年9月23日，国立浙江大学学生与杭州各界人士，冒雨在杭州湖滨公众体育场集合，一致通过通电，反抗日本帝国主义侵略，要求国民政府立即抗日，收复失地。

△ 国立浙江大学学生在杭州街头演出《放下你的鞭子》。

△ 1931年9月，学生请愿团在杭州火车站出发赴南京请愿。

（五）竺可桢出任校长

1936年4月，竺可桢就任国立浙江大学校长，实行教授治校、民主办学和思想自由的办学方针，使众多知名教授、学者汇集浙江大学。抗日战争全面爆发后，为保存知识和文明的火种，浙江大学被迫西迁。其间，浙大确立了"求是"校训，克服各种困难坚持办学，崛起成为蜚声海内外的著名高等学府。

人物链接　/　"近代科学家、教育家的一面旗帜"竺可桢

竺可桢（1890—1974），字藕舫，浙江绍兴人。气象学家、教育家，中国科学院学部委员（院士）。竺可桢曾留学美国，获哈佛大学博士学位，1918年归国。历任东南大学地学系系主任、中央研究院气象所所长、中国科学社社长等职。1936年4月，任国立浙江大学校长。新中国成立后，出任中国科学院副院长等职。

任浙大校长后，竺可桢着力革除弊政，多方聘选优秀教授充实师资；他视"教授为大学的灵魂"，实行教授治校；加强民主管理，尊崇思想自由；注重通才教育，推动科学研究。抗日战争全面爆发后，率领全校师生员工及部分家属，携带大批图书资料和仪器设备，一路西迁，辗转办学。在艰难的西迁办学中，确定"求是"校训，

倡导求是精神，使学校有了很大的发展，崛起为当时国内具有重大影响的几所著名大学之一。

竺可桢在气象学、地理学与自然资源考察、科学普及、科研管理等诸多科学文化领域都有杰出贡献，毕其一生研究而形成的著作《中国近五千年来气候变迁的初步研究》，引起了世界轰动。2012年8月31日，国际小行星命名委员会批准，将国际永久编号第224888号小行星命名为"竺可桢星"。

竺可桢办学业绩卓著，科研成果卓越，被誉为"我国近代科学家、教育家的一面旗帜，地理学界、气象学界的一代宗师"。

△ 1936年9月18日，竺可桢向同学发表演讲时提出："诸位在校，有两个问题应该自己问问，第一，到浙大来做什么？第二，将来毕业后要做什么样的人？"直到今天，这二问仍然是每一个进入浙江大学的学生思考人生的必答考题。图为竺可桢1937年摄于杭州的照片。

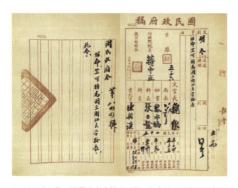

△ 1936年5月，国民政府令第844号：任命竺可桢为国立浙江大学校长。

● 竺可桢教育名言选摘

教授是大学的灵魂，一个大学学风的优劣，全视教授人选为转移。

一个学校实施教育的要素，最重要的不外乎教育的人选，图书仪器等设备和校舍建筑。这三者之中，教授人才的充实，最为重要。

大学教育的目标，决不仅是造就多少专家如工程师医生之类，而尤在乎养成公忠坚毅、担当大任、主持风会、转移国运的人才。

所谓求是，不仅限于埋头读书或是实验室做实验。求是的路径，《中庸》说得最好，就是"博学之，审问之，慎思之，明辨之，笃行之"。

诸位求学，应不仅在科目本身，而且要训练如何能正确地训练自己的思想。

科学精神就是"只问是非，不计利害"。这就是说，只求真理，不管个人的利害，有了这种科学的精神，然后才能够有科学的存在。

科学家应取的态度应该是：（一）不盲从，不附和，一以理智为依归。如遇横逆之境遇，则不屈不挠，不畏强御，只问是非，不计利害。（二）虚怀若谷，不武断，不蛮横。（三）专心一致，实事求是，不作无病之呻吟，严谨整饬，毫不苟且。

● 聘请名师

竺可桢担任校长后，请郑晓沧续任教务长，邀胡刚复任文理学院院长，聘李寿恒、卢守耕分别为工学院、农学院院长。他三请马一浮，两请邵裴子，诚邀有才华的梅光迪、王琎、张其昀、陈训慈等同事、学生来校，重用原浙大的苏步青、钱宝琮、陈建功、贝时璋、黄翼、蔡堡等名师，请回蔡邦华、吴耕民、梁希、张绍忠、束星北、何增禄等离校教授，并聘请王淦昌、谈家桢等优秀人才任教。

王淦昌　　　　王琎　　　　卢守耕　　　　何增禄　　　　李寿恒

束星北　　　　张其昀　　　　陈训慈　　　　郑晓沧　　　　胡刚复

谈家桢　　　　梅光迪　　　　黄翼　　　　蔡邦华　　　　蔡堡

人物链接 ／ "两弹一星"功勋王淦昌

　　王淦昌（1907—1998），江苏常熟人。核物理学家，我国核研究事业的奠基人，中国科学院学部委员（院士）。1933年获德国柏林大学博士学位，1934年4月回国。1936年受聘为浙江大学物理系教授。1950年调任中国科学院近代物理研究所。1999年获"两弹一星"功勋称号。

　　在艰苦的西迁办学期间，王淦昌完成了《关于探测中微子的建议》等重要科研成果，从理论上提出了证明中微子存在的实验方法，发表在美国《物理评论》1942年1月刊上，并被评为1942年度的最佳论文。美国科学家阿伦根据他提出的这个方案，证实了中微子的存在。因此，国际物理学界将这个实验称为"王淦昌—阿伦实验"。

　　1950年，王淦昌调离浙大。他对浙大有着深厚的感情，曾经这样评价："我从二十九岁到四十五岁，一生中思想最活跃的十六年是在浙江大学度过的，母校浓厚的学术气氛，实事求是的精神，给我留下了非常深刻的印象和长远的影响。"2003年9月，国际小行星命名委员会批准，将中国科学院国家天文台发现的国际永久编号第14558号小行星命名为"王淦昌星"。

△ 物理系师生欢迎王淦昌（前排居中）教授赴美考察归来。

人物链接 / 现代遗传学奠基人谈家桢

谈家桢（1909—2008），浙江宁波人。遗传学家，中国遗传学的创始人，中国科学院院士。1936年获美国加州理工学院博士学位。1937年，应竺可桢校长邀请，回国担任浙江大学生物系教授。曾任浙江大学理学院院长、复旦大学副校长等职。

1944年，谈家桢发现瓢虫色斑变异的镶嵌显性现象。1945—1946年，在美国对镶嵌显性现象的规律作进一步研究，并发表了《异色瓢虫色斑遗传中的嵌镶显性》论文，引起了国际遗传学界的巨大反响。他的研究成果为建立现代综合进化理论作出了重要贡献，被认为是丰富和发展了摩尔根遗传基因学说。1999年，国际小行星命名委员会批准，将中国科学院紫金山天文台于1964年发现的第3542号小行星命名为"谈家桢星"，以表彰谈家桢对中国遗传学事业作出的巨大贡献。

谈家桢虽于1952年院系调整时调离浙大，但他对母校的情感刻骨铭心。晚年时回忆道："耄耋之年回首往事，似有模糊之感，唯随浙大西迁的经历，仍记忆犹新。可以这样说，我一生学术上最重要的成就之一是在湄潭完成的，最重要的代表性论文之一是在湄潭写成的；我的第一代学生也是在湄潭培养出来的，他们后来在科研和教学中成绩斐然、独树一帜，我殊感自豪。"

人物链接 / 生物学家、医学教育家蔡堡

　　蔡　堡（1897—1986），字作屏，浙江杭州人。生物学家、医学教育家，我国动物学会创始人之一。1923年毕业于北京大学地质系，同年留学美国，先后在耶鲁大学和哥伦比亚大学攻读生物学。

　　1934年回国，任浙江大学生物系教授兼系主任、文理学院院长。全面抗战期间，蔡堡受命创办中国蚕桑研究所，几经调研，于1939年底在遵义南郊原百艺厂旧址开始建所，选培良种。1951年后任浙江大学医学院、浙江医科大学组织胚胎学和生物学教授，教研室主任。

　　蔡堡曾发表多篇有关动物胚胎和蚕体遗传等方面的研究论文，创造性地研究出"青蛙受精卵嫁接、发育成头幼蛙"的科研成果。1949后，他主编了高等医药院校《生物学》《生物学实验指导》等教材。1958年，西湖水突然变红，蔡堡受命进行生态研究，发明了螺蛳灭藻的方法，治理成功。他研究蝾螈生活史近30年，由他主编的《东方蝾螈胚胎发育图谱》于1978年由科学出版社出版，填补了国内有尾两栖类正常胚胎发育图谱的空白。

1897

1927

1949

1998

（六）文军长征奋崛起

在20世纪上半叶，中华大地发生了两次具有重大历史意义的大迁徙。一次是举世闻名的中国工农红军二万五千里长征，将中国革命的大本营转移到了西北，为开展抗日战争和发展中国革命事业创造了条件；还有一次是抗日战争全面爆发前后，中国知识分子和民族精英从敌占区撤离，辗转办学、艰苦卓绝的跋涉历程，为保存、延续和发展民族科技文化实力作出了重大贡献。浙江大学西迁办学就是当时大学迁徙中的一个典型。1986年，时任全国人大常委会委员长彭真访问浙大，将浙大西迁办学誉为"文军长征"。

1937年9月，由于日寇的侵略，浙江大学在竺可桢校长的率领下，举校西迁、异地办学。学校一迁浙江於潜、建德，二迁江西吉安、泰和，三迁广西宜山，最后到达贵州遵义、湄潭，在此办学近7年。西迁行程2600余公里，足迹涉及浙、赣、湘、桂、粤、黔、闽7省。1939年11月，为救济东南失学青年，浙江大学创办了龙泉分校。

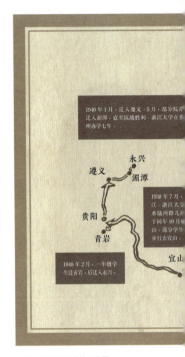

△ 浙江大学西迁路线示意图。

057

第二章　探求崛起
（1927—1949）

1897

1927

1949

1998

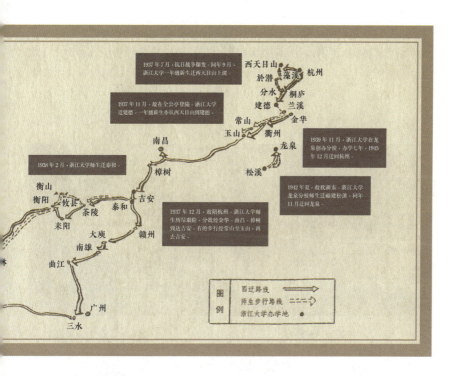

1937年7月，抗日战争爆发。同年9月，浙江大学一年级新生迁西天目山上课。

1937年11月，敌在全公亭登陆。浙江大学迁建德。一年级新生赤从西天目山到建德。

1938年2月，浙江大学师生迁泰和。

1937年12月，敌陷杭州。浙江大学师生历尽艰险，分批绕金华、南昌、樟树到达吉安。有的步行经常山至玉山，再去吉安。

1939年11月，浙江大学在龙泉创办分校，办学七年，1945年12月迁回杭州。

1942年夏，敌扰浙东。浙江大学龙泉分校师生迁福建松溪。同年11月迁回龙泉。

图例
西迁路线
师生步行路线
浙江大学办学地

1. 一迁浙江於潜、建德

　　1937年9月，战事迫近杭州，浙江大学决定将1937级新生先行迁入相对偏僻的浙江省於潜县（现属浙江省杭州市临安区）西天目山禅源寺办学。10月，计划多时的导师制在此正式施行。导师制的施行，密切了师生关系，是浙江大学在西迁办学中的一次重要的制度创新。11月5日，日军在距杭州只有120公里的金山卫全公亭登陆，浙大决定迁校建德。11日开始，浙大杭州本部的师生分三批出发，每晚一批，约二百人，在江干码头乘船，于15日全部到达距杭州西南约120公里的建德梅城，图书仪器随迁。11月下旬，浙西形势危急，在西天目山的一年级师生也分批全部迁至建德。学校主体迁到建德的临时校舍，办公室分设在林场、天主堂、孔庙等处，宿舍则在中心小学、万源当、东门街一带的民房。

△ 1937年初秋，竺可桢与潘承圻、舒鸿教授考察禅源寺。

△ 浙江建德梅城的牌坊（摄于1937年12月）。

△ 竺可桢在建德时的住所孙宅（摄于20世纪80年代）。

◁ 浙大师生乘坐民船从建德赴兰溪途中。

人物链接 / 刘奎斗从军

刘奎斗（1914—2009），辽宁大连人。1942年毕业于浙江大学工学院机械系。后移居台湾，1979年起任森美工程公司董事长。

1935年秋，22岁的刘奎斗以第一志愿考入浙江大学电机系。抗战全面爆发后，他身兼抗敌后援会、浙大学生自治会主席和杭州市大、中学抗敌后援联合会主席等职务，积极参与迎接新生、校工军训、学校警戒及宣传抗日救国等工作。苏州陷落，日寇南侵，当时盛传"游击克敌"之说，恰好军事委员会所属的游击总队请浙大学生自治会代为物色12位同学参加他们的游击行列。消息传来，刘奎斗首先响应参加，又立刻联系了电机系的同班同学洪鲲、汤兰九、王家珍，机械系程羽翔，化工系黄宗麟，土木系丁而昌和吉上宾，化学系李建奎，数学系程民德，1940届电机系虞承藻和土木系陈家振等11位同学踊跃报名参加，开始了从军抗敌生涯。在参加了湘北第一次会战和昆仑关战役之后，刘奎斗于1940年8

△ 1937年，浙江大学刘奎斗等12位学生投笔从戎，参加浙东战场游击队。图为12位同学入伍前合影。

月，回到西迁遵义的母校，转入机械系。竺校长以慈父般的态度慰问刘奎斗打了三年仗的辛劳，并赞成他返校完成学业。1943年初，应陆军机械化学校之邀，刘奎斗随其到印度成立战车部队抗日，由印缅反攻回国。途经遵义时，竺校长特别杀了一只老母鸡为他饯行。

1997年浙江大学百年校庆时，刘奎斗将毕生积蓄的260万美元以匿名方式捐赠母校，建造竺可桢国际教育大楼暨竺可桢纪念馆，得到了师生校友的赞赏与称誉。

△ 竺可桢国际教育大楼落成典礼现场。

061

第二章　探求崛起
（1927—1949）

1897

1927

1949

1998

● 导师制

1937年9月，竺可桢经与西天目山禅源寺方丈妙定商定，决定将浙江大学1937级新生迁入禅源寺就学。经过实地考察，竺可桢发现，禅源寺地处深山，远离城市，借寺办学，师生可以朝夕相伴，不仅授课便利，对于陶冶品格也十分有利，被认为是实行"导师制之理想地点"，导师制遂于当年10月12日开始在西天目山施行。这对当时的国内教育界产生深远影响。1938年3月，教育部颁布了《中等以上学校导师制纲要》，在全国大中学校正式实施与推广导师制。

在导师制的实行过程中，各位导师悉心指导学生学业、生活等方面成长事宜。按导师制的相关规定，开课以后，各导师每月必须集会一次，时间为每月第二周的星期六。各导师以前所领导学生中如有不适于本人领导者，可开出名单，送交校长办公室，以便改派。每位导师最多领导16位学生。据学生马国均回忆，1941年秋浙江大学推行学生票选导师制度时，他投票选竺可桢校长担任自己的导师，出乎意料的是真的成为竺校长的受导学生。竺校长对所导学生的关怀无微不至，他叮嘱马国均"随时有事来找我，不需要先问过诸葛秘书"。这可是一项寻常"特权"，因全校师生有事找校长，一般需要首先经过校长秘书。正是由于竺可桢等导师的悉心指导与帮助，学校在西迁办学期间培养了大批优秀人才。

△ 浙江大学推行导师制。

△ 化学系主任周厚复、教授刘道先与学生野餐时的留影。

人物链接 / 有机化学家、化学教育家周厚复

　　周厚复（1903—1970），字载之，江苏扬州人。有机化学家、化学教育家。1927年毕业于东南大学理科化学系。1932年获巴黎大学博士学位，此后转入德国柏林大学从事毒气研究。1933年回国后，任浙江大学化学系教授，1934年起任浙江大学化学系系主任。1940年任贵州农工学院筹备委员会委员。1943年转任四川大学理学院院长，随后赴英国伦敦大学进修。

　　周厚复最早在中国探讨电子学说在有机化学中的应用。1944年，他撰写的有关原子结构理论的论文，被英国皇家学会推荐为诺贝尔化学奖评选论文。作为我国第一代物理有机化学家，周厚复学术造诣出类拔萃，对原子理论有很深的研究。在浙江大学极其困难的办学时期，作为化学系主任，他始终潜心培育英才、精研学术，教学科研多有建树。2001年，浙江大学接受其子女的捐资建造"周厚复化学实验大楼"，以此来纪念他对化学研究以及对浙大化学系的建设和发展所做出的贡献。

● 保护《四库全书》

清乾隆时编撰的《四库全书》，当时共抄录七部，其中三部早已毁掉。抗战开始后，原在热河、奉天的两部落入敌手。余留的两部，其中原在北京故宫文渊阁的已迁至四川；原在杭州文澜阁的36000多册，在"八一三"淞沪抗战前由浙江省立图书馆运抵富阳。后日军逼近，浙江省立图书馆想把它搬至建德，

△ 贵阳地母洞藏书库（摄于1942年5月10日）。

但经费无所着落。竺可桢校长得知后，立即派校车将《四库全书》先运至龙泉，又致电教育部同意，专门派教师协助搬迁。在浙大的协助下，《四库全书》途经五省，历程2500余公里，于1939年全部安全运抵贵州省贵阳地母洞存放。1940年，浙大西迁贵州遵义、湄潭等地办学后，竺校长又多次到地母洞了解情况，对保管工作中的问题提出改进意见。这一文化瑰宝得以安全度过抗战时期，并于战后重新运回杭州。

◁ 文澜阁藏《四库全书》。

1897

1927

1949

1998

2. 二迁江西吉安、泰和

　　1937年12月24日，杭州陷落，浙大师生被迫离开建德，再次迁徙，踏上赴赣历程。这次搬迁更有组织、更有秩序。学生分若干队，每队都有导师率领。兰溪、金华、常山、玉山、南昌、樟树、吉安等地各设接待站。学生和教职工及眷属分三批依次在建德上民船，到兰溪后，或步行，或换乘小船，溯梅溪而抵金华。1938年1月抵达江西吉安。浙大迁到吉安后，教职员住在乡村师范，眷属租用了当地一些居民住房，学生则全部住入白鹭洲上的吉安中学，并借用乡村师范和吉安中学校舍暂行上课。

△ 1936级第9小分队成员在江西吉安白鹭洲合影。

△ 白鹭洲上的吉安中学校址，当时曾为浙大临时校舍（摄于20世纪80年代）。

2月，又迁江西泰和。浙江大学临时校址就在泰和城西2.5公里的上田村。该村古时有两座书院，即大原书院（又名千秋书院）和华阳书院，还有趣园和退观楼（即藏书楼）。浙大师生抵达泰和后，稍事安顿，便继续教学，科学研究也未停顿。当时教育部派人到全国各地巡视，认为浙大是所有西迁大学中教学秩序和教学质量坚持得最好的一所。

△ 泰和大原书院，时为浙大总务处和一年级教室。图为浙大教师在书院前合影（摄于1938年）。

△ 泰和萧氏祠堂，曾为浙大大礼堂（摄于1981年）。

◁ 浙江大学部分教师马一浮（右七）、梅光迪（右八）、张其昀（右五）、祝文白（右三）、王驾吾（右二）、陈训慈（右一）等在浙大图书馆前合影（1938年摄于江西泰和）。

● 《浙大日报》

由于浙大搬迁所经的建德、泰和等地，都未发行日报，也不能及时看到其他报刊，消息闭塞。为改变这种状况，浙大组织了"情报委员会"，从迁至建德起就出版《浙大日报》。利用自备的无线电收音机，夜间收听、记录新闻消息，予以摘编，先是以用壁报形式张贴，接着在建德铅印20多期，到泰和后，因无铅印条件，改为油印发行。每天晚上9时至次日上午9时，由工读学生和职员二人收听并记录，上午10时编好，刻印后于12时左右发行，并由工读学生上街叫卖，颇受当地群众欢迎。内容除国内外新闻外，并酌登校闻、论著、通讯。

《浙大日报》出刊一百期时，竺校长于1938年5月19日特为《浙大日报》增刊撰写了《百期纪念感言》。文中说道："在全民族热烈抗战的时候，前方战场的消息，国际形势的变态，我们全校人士，刻刻关怀，莫不以先睹先知为快。所以学校虽在困苦颠沛之中，而《浙大日报》呱呱堕地之后，不但能继续维持，而竟能逐渐扩充篇幅，在极短时期以内，给我们以精确的消息。……《浙大日报》不但给我们以最近的消息，而且时时促进我们的自省。……"

△ 泰和华阳书院浙大农学院所在地。

● 泰和三举

　　浙大师生留驻泰和期间，为当地人民做了三件好事：修筑防洪大堤，创办澄江学校，协助开辟沙村示范垦殖场。

　　修筑防洪大堤。赣江两岸大多为平原，泥沙淤积，夏天大雨时，几乎年年泛滥。上田村的楼壁墙角，已往的水痕斑斑可见。当地人民虽屡遭水害，但因无力防治，也就习以为常。浙大了解这一情况后，决定负责全部技术工作，与地方合作修筑防洪堤。该堤全长7.5公里，使当地人民免遭水害，乡亲们亲切称之为"浙大防洪堤"，江边一码头，被称为"浙大码头"，这些名称沿用至今。

▽ 浙大师生与泰和人民共同建设的码头，
至今当地群众还称之为"浙大码头"。

创设澄江学校（赣江流经泰和的一段，又名澄江）。为使当地农村儿童和搬迁中的浙大教职工子弟得到良好的教育，学校与地方联合，创办了澄江学校，庄泽宣任校长。1938年3月24日开学上课。教师除聘请专职二名以外，其余均由浙大各系高年级同学担任，仪器图书均由学校借用。后来这所学校改称为县立上田村小学，以后又为省立实验小学接办，对当地教育事业的发展起到了推动作用。

建立沙村示范垦殖场。抗日战争的烽火使得不少苏、浙、皖的群众流离失所，有的难民来到了江西。浙大和江西省政府商议合办垦殖场，以解决一部分难民的居住和生计问题。利用沙村附近荒田600余亩，建立了沙村示范垦殖场。该垦殖场由浙大土木系工读生勘定、测绘，由农学院负责主持筹划，卢守耕教授担任主任。垦殖场安置战区难民140名，使难民生活有所着落，同时也使农垦事业有所推进。

△ 浙大协助开辟的沙村垦殖场。

● 泰和遗恨

张侠魂，湖南湘乡人，竺可桢之妻。

张侠魂女士毕业于上海女校。1919年与竺可桢结婚。婚后随竺可桢来到武汉，后到浙江大学。除协助丈夫事业、教子治家以外，张侠魂尤热心社会事业，对于校内同学，乃至工友，亦时致顾护，推衣解食，不遗余力。

1938年，抗战愈烈，7月，九江失守。浙大在泰和已经无法上课，不得不再次筹划西迁。竺可桢校长经长沙赴广西，到各地考察，寻找合适的迁校地点。出乎意料的是，就在他外出考察期间，妻子张侠魂及次子竺衡几乎同时患上了痢疾，由于条件艰苦，缺医少药，竺衡和张侠魂不幸相继于7月21日、8月3日去世。半月之内，竺可桢接连失去至亲，这对他来说是个极沉重的打击。8月10日，浙大教职工和学生300余人为竺夫人张侠魂举行追悼会。

2008年，浙江大学会同泰和有关部门，以及竺可桢与张侠魂之子女竺安先生、竺宁女士，寻获位于泰和县城西松毛岭上的张侠魂母子墓址，并予以修缮。

竺可桢悼念诗二首

结发相从二十年，澄江话别意缠绵。
岂知一病竟难起，客舍梦回又泫然。

生别可衰死更哀，何堪凤去只留台。
西风萧瑟湘江渡，昔日双飞今独来。

△ 张侠魂和竺衡母子葬于泰和松毛岭。竺可桢与儿子竺安在张侠魂墓前（摄于1938年）。

3. 三迁广西宜山

1938年7月末，日军占领九江，浙大在泰和已无法上课。竺可桢校长经实地勘察，决定迁往广西宜山。从1938年8月13日起至10月底，所有师生，除押运图书仪器等物资尚在途中的以外，均先后安抵宜山。学校于11月1日开学上课。

浙江大学抵宜山后，以原工读学校为总办公室，以文庙、湖广会馆为礼堂、教室，并在东门外标营搭盖草屋为临时教室和学生宿舍。教师们分散居住在城内各处。

1938—1939年，浙大的规模稍有发展。1938年8月，增设师范学院。1939年夏，文理学院分为文学院和理学院。在宜山，浙江大学确立了"求是"校训，经受住了疟疾横肆和日军轰炸的洗礼，实现了精神上的浴火重生。

△ 宜山标营操场。

◁ 空袭警报。

△ 浙大师生到达宜山之后，生活极为艰苦，尤其是由于当地气候、环境的影响，师生受尽疟疾的威胁，相继患病者多达二百余人。图为竺可桢记述当时疫情的日记（1939年1月24日）。

△ 1939年采于广西宜山的昆虫标本，现珍藏于农学院昆虫标本馆。

△ 生物系教师与毕业生合影（摄于1939年。前排左四为谈家桢、左五为蔡堡、左七为张孟闻、左八为贝时璋）。

图说浙大：浙江大学校史简本

● 呐喊步行团

当时有20名浙大学子，为了锻炼体魄，并可以沿途考察民情、宣传抗日，组织成立了步行团，并以鲁迅的名著《呐喊》命名为"呐喊步行团"。同学们翻山越岭，风餐露宿，步行千里，取道茶陵、攸县、衡山、南岳，而达衡阳，于途中所经之处采访收集各地民风、习俗，还时常登台演出，宣传抗日精神。竺可桢对呐喊步行团十分支持，在出发前还赠送学生地图、指南针，以示鼓励。这是20世纪30年代末大学生将课堂教育与社会实践相结合的一种探索。

△ 步行团学生在途中合影。

● 标营之险

宜山处于西南山区，抗战以来警报虽时有发出，日机却少有来袭，本以为可作浙大容身之处。于1938年10月迁入宜山后，浙大以标营为二、三、四年级学生宿舍，住宿学生达339人。出乎浙大师生意料的是，浙大在此竟然遭受日军前所未有的野蛮轰炸，险些陷入万劫不复的境地。

1939年2月5日，日寇以浙大为目标，进行猛烈的轰炸。敌机18架，先炸西门汽车站一带，而后，敌机在标营一地投燃烧弹、爆烈弹118枚之多，炸毁浙大标营东宿舍8间，大礼堂1幢，新教室3幢计14间，其余如导师办公室、体育室、事务课办公室、阅报室、厨房、储藏室、饭厅及杂室等亦被毁或不能住人，浙大迁校时带去唯一的一架钢琴被毁。由于学校平时防空教育得法，在如此狂轰滥炸之下，仅2名学生、1名校工轻伤，而122位学生除随身衣服外，已一无所有。

学校为帮助受灾同学渡过难关坚持学习，拨款救助同学，教职员月薪十分之一捐助分配给在轰炸中受到损失的同学。

△ 宜山校舍被炸后景况（摄于1939年2月5日）。

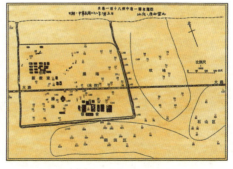

△ 学校调查标营被炸情况时绘制的落弹分布情况图。日军共向浙大标营一带投弹118枚之多。

● 艰苦生活中勤学不辍

浙大师生在宜山的生活极其艰苦，除疟疾和空袭的威胁外，吃、穿、住、行都非常困难，学生的功课也比较重。但是，师生们皆以苦为乐，情绪高昂，勤奋教学，抗日宣传活动也很活跃。

一位浙大的校友曾回忆当年的情景：1939年的元旦，在学校的大草棚里的汽油灯底下举行迎新晚会，仪式简单，但同学们情绪都欢畅热烈。因为没有那么多凳子，大家都围着站。一位教授开场就说："这个节日，我们没有什么礼物送给大家，只有几顶大草帽送给你们。"他边说边指着头顶上的茅草屋顶，引得大家都欢笑起来，师生感情十分融洽。那时，学生站在板凳上、在双层床的上层床板上，就着一盏小小的油灯做习题是习以为常的事。不仅学习环境艰苦，同学们的生活条件也同样拮据。一双袜子补到无处可补的时候，干脆把袜底剪掉，换双布底。不太会针线的就把破袜子向前一拉，再反折过来，这样就不会"前吃后空"了，等到袜子短到连小腿都遮不了的时候再丢掉。

▽ 浙大标营教室（摄于1939年春）。

教师们的生活也十分艰辛。生物系教授贝时璋一家四口住在宜山白崖乡，泥墙草屋，晚间一盏油灯，几根灯草。贝先生备课时，夫人借光纳鞋，孩子们在灯下做功课。师生生活虽苦，教学活动却是照常进行。各年级的课时安排，都按原定计划完成。浙大各系师生密切结合宜山地质、气候等特点开展科学研究。同时，师生还数次举行义卖活动，

△ 贝时璋教授一家在宜山白崖乡（摄于1938年）

学生组织战地服务团，到宾阳、武鸣至南丹前线，设站救护伤员，并沿途宣传、歌咏。

1938年8月，经教育部批准，浙大增设师范学院，设教育、国文、史地、英语、数学、理化6个学系。在此期间，竺可桢先后邀请了马一浮、柳诒征、佘坤珊、郦承铨、陈立、王师羲、侯家煦、丰子恺、蔡邦华、吴耕民、张肇骞、蒋芸生等到浙大任教或讲学。

在迁离宜山之前，浙江大学特在文庙"宜山县城池图"碑旁，立"国立浙江大学宜山学舍记"石碑，由竺校长亲自撰写碑文，以留作永久的纪念。

1897

1927

1949

1998

● 黑白文艺社

　　1937年春，一部分思想进步的浙大学生发起组织成立了"黑白文艺社"，它是今天"黑白剧社"的前身。由于当时日寇已经侵占中国东北等大片领土，该社的成立有守持"抗日救国，收复祖国失地"的宗旨，一经登报成立，就有数十位浙大同学踊跃报名参加。年底，由于学校西迁，该社部分骨干社员相继离校赴浙东工作，文艺社活动陷入停顿。1938年暑假，先期抵达宜山的周存国、姚凤仙、高昌瑞、滕维藻、周瑞华、钱克仁、王爱云等社员，在广西宜山龙江上游集会，决定恢复黑白文艺社活动，该社又重新活跃起来，直至1942年初浙大爆发"倒孔运动"以后，黑白文艺社被校方明令禁止，活动再次沉寂。

　　黑白文艺社曾经组织了一些戏剧演出活动。如在宜山的一次民众集会上，黑白文艺社就组织演出了《破坏大队》，教育民众破坏敌人的交通线，所有的社员都参加了演出。该社甚至有自己专门的剧作家，潘传列就是其中的一位。他是一位才华横溢的剧作家社员，常常一夜就能写出一个富有戏剧性的短剧以供排演。但是，该社的活动重点并非戏剧演出方面，其使命主要是组织浙大同学开展抗日民主斗争，特别是进入宜山阶段以后，它已经完全演变成为当时进步学生组织"马列主义小组"最为重要的外围组织，经常组织同学阅读进步书刊，启蒙思想，参加抗日救亡民主运动。

△ 浙江大学黑白文艺社社员合影（前排左三为社长何友谅烈士，摄于1940年）。

△ 2007年浙江大学黑白文艺社纪念碑在紫金港落成揭幕仪式。

077

第二章　探求崛起
（1927—1949）

1897
1927
1949
1998

4. 龙泉分校的创立

浙江大学迁广西、贵州后，浙江籍高中毕业生和福建、安徽、江西以及离沪青年学生，由于交通或经济关系，不能去内地大学升学者越来越多。为此，浙大于1939年1月提请补招学生，教育部电复可就近办一期先修班。2月竺校长派教务长郑晓沧教授、史地系陈训慈教授赴浙筹办，7月在浙江龙泉成立浙东分校，后改名龙泉分校。分校创办初期，招收文、理、工、农四院一年级新生并设置大学先修班。

1939年分校录取正取生120名，备取生30名。10月1日开学，11日正式上课。1941年8月，增设二年级。1942年9月，增设师范学院初级部国文科、数学科两班。1944年，师范学院设五年制国文、外文两系，并将师范学院初级部改称师范专修科。陈训慈、郑晓沧、路季讷先后担任分校主任。

△ 龙泉分校校址曾家大屋（建于1932年），现内部陈列有浙江大学龙泉办学历史展。

1897

1927

1949

1998

陈训慈（1901—1991），字叔谅，浙江慈溪人。历史学家。1932 年起任浙江省立图书馆馆长，1936 年至浙江大学兼任史地学系教授、教务处图书课主任。1939 年 10 月至 1940 年 8 月任浙江大学浙东（龙泉）分校第一任主任。

郑晓沧（1892—1979），名宗海，字晓沧，浙江海宁人。教育学家、翻译家。1906 年入浙江高等学堂。1929 年后长期在浙江大学任教，创办教育学系，历任系主任、教务长、代理校长等职。1940 年 8 月至 1943 年 8 月任浙江大学龙泉分校第二任主任。

路季讷（1889—1984），字敏行，浙江东阳人，后移居江苏宜兴。1910 年获庚子赔款公费赴美国威斯康辛大学、哥伦比亚大学、里海大学留学。1939 年任浙江大学化学系教授。1943 年 8 月至 1945 年 12 月任浙江大学龙泉分校第三任主任。

　　龙泉分校选址龙泉县城郊外一个叫"坊下"的山村，教室与教学办公用房即是当地乡绅曾水清建于1932年的"曾家大屋"（现系全国重点文物保护单位）。曾家大屋建筑面积为3026平方米，共两进房子，一进为二层，二进为三层，天井两侧有厢房，大小房间合计为72间。1941年起，在离坊下1公里的石坑垅村建师范学院教室及教职员和学生简易宿舍、大膳房8座。至此，分校校舍分两部：一部在坊下，为行政各办公室及理、工、农三院学生学习与住宿之处；二部在石坑垅，为文、师两院及师范专修科学生宿舍及教室等。

△ 龙泉分校所在地原名坊下村。在一次师生集会上，分校主任郑晓沧观四野景色，即兴改名为"芳野"，从此芳野村留名至今。图为龙泉分校新建校舍全景（摄于1941年10月）。

1897

1927

1949

1998

　　1942年夏，国立浙江大学龙泉分校为躲避日军破坏，南迁福建省松溪县大布村。同年10月，浙局渐宽，师生分批返回坊下。抗战胜利后，龙泉分校于1945年12月先期启程回杭，重建校园。在龙泉分校办学七年间，共培养了一千余名优秀学生，谷超豪、朱兆祥、何志均等学术名家都曾于此求学。

△ 浙江大学龙泉分校学生在做生物实验后合影（摄于1942年）。

△ 浙江大学龙泉分校南迁示意图。

◁ 浙江大学龙泉分校复员杭州后，路季讷先生与同仁在湖滨举行联欢并合影留念（摄于1946年6月21日）。

5. 四迁贵州遵义、湄潭

1939年11月25日，广西南宁陷落。在宜山的浙大已不安全，学校在派人去贵州遵义和云南建水等地勘察新校址后，最终决定迁往贵州遵义、湄潭。1940年1月，浙大到达遵义之后，首先是解决校舍问题。初到时，除一年级在贵阳以南的青岩外，其余集中在遵义县城。5月，湄潭分部校舍大致定当。10月，永兴分部也可接纳学生。至1941年初，浙大校址基本稳定，教学科研活动正常开展。

从1940年初到1946年6月，浙大在此相对安静的黔北山区，赢得了近七年较为稳定的办学时间。在这里，浙江大学迅速崛起成为一所广受世人瞩目的著名高等学府，被英国皇家科学院院士、中国科技史专家李约瑟誉为"中国最好的四所大学之一"。遵义、湄潭成为浙江大学的"第二故乡"。

△ 1940年的遵义全貌。

1897

1927

1949

1998

● 校舍分布

　　这一时期学校校舍总的布局：文学院、工学院和师范学院的文科系设在遵义；理学院、农学院和师范学院的理科系设在湄潭；一年级设在永兴（也称永兴场，属湄潭县）。另在浙东龙泉设有分校。

　　遵义：校本部办公室设在子弹库。图书馆设在江公祠。借用遵义师范学校的一部分房屋作男生宿舍和学生食堂，租用杨柳街民房为女教职员和女生宿舍，柿花园、石家堡等为单身教师和教授宿舍。在东门城墙内外新建草房和瓦房数十间，作为工学院各系的实验室。还在湘江东边开辟游泳池。

△ 遵义子弹库浙大临时校本部（摄于20世纪40年代）。

△ 遵义湘江浙江大学游泳场所。

△ 遵义师范学校中的浙大校舍（摄于20世纪40年代）。

湄潭：在遵义以东75公里。浙大在湄潭县城新建了植物病虫害系楼、物理系楼等教学用房，以及大礼堂（也是饭厅）和四幢男生宿舍、一幢女生宿舍等生活用房，还有一所子弟小学、大操场、游泳池等。在城外辟地200余亩作为浙大农场，分布着农艺、园艺和蚕桑等系的试验场地。把原湄潭中学扩建为浙大附中。

△ 湄潭县政府官员欢迎浙大到来，并与浙大教师合影（摄于1940年）。

△ 国立浙江大学在湄潭的校门。

△ 湄潭文庙大成殿（时为图书馆）。

△ 湄潭浙大学生宿舍全景（1942年摄）。

　　永兴：距湄潭县城15公里。借用当地"江馆"（江西会馆）、"楚馆"（湖南、湖北会馆）作为一年级分部，租用一些祠堂、民房作试验室。第一批新生，即1940年入学的新生，计652名，于10月18日开始在永兴报到注册。原在青岩的一年级分校于1940年10月中旬结束，因当时车辆缺乏，学生400余人步行至遵义，历时6天。

　　全校教职工的住房大多在三地分散租用民房，竺可桢校长也是租房居住。

△ 永兴浙大一年级学生教室。

△ 永兴财神庙（当年浙大一年级生物实验室）。

● 湄江吟社

　　湄江吟社是在1943年2月28日由数学系教授钱宝琮、苏步青，化学系教授王季梁，中文系教授祝廉先和中华残教社创办人之一的江恒源（问渔）及浙江大学附中胡哲敷，农经系张鸿谟组成的业余社团，由江问渔担任社长。后来又先后增加湄潭实验茶场场长刘淦芝、教育系教授郑晓沧，共九人，史称"九君子"。湄江吟社每月活动一次，大家或直抒胸臆或感物兴怀，借以互相砥砺，陶冶情操，其忧国思乡、愤世嫉俗之情也常流露于笔端。

　　湄江吟社成立之旨趣在于陶冶性情，切磋诗艺，相互砥砺，抒发感情，丰富业余生活。社员们轮流做东主持，拈阄择韵，赋诗填词。湄江吟社在湄潭共举行八次活动，成诗百余首，后编辑出版《湄江吟社诗存》。

　　《湄江吟社诗存》与湄江诗社，成为中国大学精神文化的重要组成部分，具有重要的历史价值和长远的社会影响。2006年5月25日，湄江吟社旧址（西来庵）作为湄潭浙江大学旧址的一部分，被列为全国重点文物保护单位。

△ 《湄江吟社诗存》（第一辑）书影。

△ 湄江吟社社员苏步青所作诗稿。

1897

1927

1949

1998

● 《思想与时代》杂志

　　1941年8月1日，《思想与时代》月刊在遵义创刊，史地系主任张其昀兼任社长和主编。编辑部设在遵义浙大文学院。印刷与发行等工作，由李絜非先生负责办理。每月一期。创刊号上刊有竺可桢校长的文章《科学之方法与精神》。由于当时白报纸缺乏，杂志用土制的灰色纸张印行。所刊载的文章内容是就学术问题进行研讨和论述，见仁见智，各有其不同的立论与见解。

　　该刊创办的宗旨，据张其昀撰写的《复刊辞》中说，"特重时代思潮和民族复兴之关系"，其目标是"科学时代的人文主义"，"具体的说，就是融贯新旧，沟通文质，为通才教育作先路之导，为现代民治厚植其基础"。该刊撰稿者大部分是国内知名学者。浙大各院系教授，以及校外的名教授也有专稿陆续刊登。《思想与时代》在遵义期间共出版40期，抗战期间发行遍及西南各省。

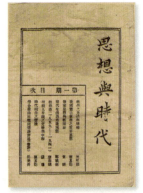

△ 《思想与时代》杂志封面。

● 箪食弦歌

当时整个中国法币贬值，物价飞涨，人民的生活处于水深火热之中，遵义地区虽是战时大后方，也不例外。这个山区小邑，早已是沦陷区同胞在黔的避难之地。当时已有陆军大学、军官外语班和步兵学校迁入，加上浙大师生和逃难的人，城镇人口成倍增长，生活日趋困难，物资奇缺。浙大学生家在沦陷区的多，经济来源断绝，大多靠公费、贷金和工读维持生计。教授和员工有薪给，但大多一家数口，积蓄少，开支大，度日艰难。

艰苦的衣食住行，没有难倒浙大师生。教师们备课、上课、做实验，井井有条。物理系教授王淦昌一家随浙大西迁贵州遵义，小女儿王遵明出生。由于生活条件艰难，居无定所，食不果腹，小女儿生下来就缺少奶水。迁到湄潭后，先生就每天在去位于双修寺的实验室或者图书馆时，顺手牵一只羊放在一块多草的山坡上，任羊吃草，而自己则专心做实验或查阅文献，待事完后再来牵羊，而此时羊也吃饱了，便一同回家。

学生们在课余组织多种多样的文艺活动，如剧团、京剧社、文艺社、歌咏队等，举行义演、写作出刊、学术讨论等。师生间的交往也很多，诸如游泳、打球、谈古说今，从家事、国事到天下事，无所不谈。一种风雨同舟、艰苦与共的可贵精神，紧紧地把师生员工团结在一起。

在艰苦的岁月中，浙大培养出了大批实践能力强、吃苦耐劳、精通专业、基础扎实、知识面宽的高级专门人才。浙大在遵义、湄潭办学取得的显著成绩流芳史册。

图说浙大：浙江大学校史简本

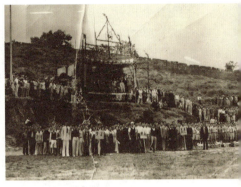

△ 竺可桢与家人在遵义杨柳街碓窝井9号宿舍前（摄于1946年）。

△ 1944年5月4日学校召开春季运动会。遵义、湄潭、永兴三地校区各组队参加，规模盛大。

△ 王淦昌全家在贵州湄潭（摄于1944年）。

△ 浙大音乐团举行第一次音乐会后合影（摄于1943年）。

● 李政道与王淦昌、束星北的湄潭岁月

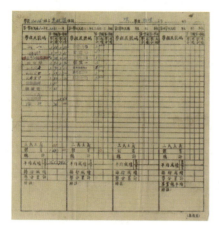

△ 李政道学籍卡。

△ 王淦昌与束星北合影。

　　1943年秋，年仅17岁的李政道考入迁址到贵州的浙江大学。他天赋极高，学生时代即能与王淦昌、束星北等教授讨论一些物理学前沿问题。当时束星北教授每一周或二周由湄潭坐"滑竿"至永兴，他就与束星北交流讨论，大受教益。由束星北和王淦昌轮流主持的"物理讨论"课，面向大四学生开课，常就物理学最前沿的研究课题和动向做报告，很受学生们的欢迎，李政道虽然时为低年级学生，但也每课必到并深受启迪。

1897

1927

1949

1998

● 战地服务团

　　浙江大学在西迁的过程中，广泛开展爱国救亡运动，曾组织"战地服务团"为伤员服务，向民众进行抗日宣传和演出。战地服务团贯彻抗日民族统一战线政策，吸收不同政治倾向的爱国同学参加。1940年1月，浙大战地服务团到广西宾阳前线进行慰问服务，宾阳失守后，同学们冒着枪林弹雨撤下火线，此时浙大已迁往遵义，同学们又在开学前赶到遵义，2月25日向全校师生汇报演出，受到全校师生的热烈欢迎，大大激发了师生们的抗日救国热情。

　　1944年6月，日军先后攻占广西之桂林、柳州、宜山，进犯贵州南部，战火迅速迫近贵阳。同学们感到强敌当前，为了保卫学校，救亡图存，大家做好就地武装、投笔从戎的准备。鉴于局势危急，竺可桢校长即日召开紧急校务会议，会议最后决定，由遵、湄两地学生自治会负责组织浙大"战地服务团"。在欢送茶会上，竺校长授予缀有"国立浙江大学战地服务团"字样和校徽的团旗，激动得流着泪说："这是代表浙江大学的，你们要牢记！"队员们高唱由黄尊生、沈思岩两位教授分别作词谱曲的团歌奔赴前线。由于日寇遭遇中国军队的强烈抵抗，感到攻占黔川之想法难以实现，开始自贵州撤退。浙大战地服务团队员则鉴于情势趋转缓和，先后回校复课。

091

第二章　探求崛起
（1927—1949）

1897

1927

1949

1998

△ 1940年1月，浙大学生自治会发起组织战地服务团，奔赴前线。图为浙大战地服务团在贵州青岩合影（摄于1945年）。

浙江大学战地服务团团歌

作词：黄尊生（法文教授）　谱曲：沈思岩（音乐教授）

战地服务团随军去，随军去，把大家的敬礼带给前线兵士，把我们的热血献给前线兵士，把祖国的灵魂递给前线兵士。

战地服务团随军去，随军去，向前线的弟兄数杀敌的功勋，向前线的弟兄鼓必胜的精神，向前线的弟兄传中国的国魂。

人物链接 / 西迁"总参谋长"胡刚复

胡刚复（1892—1966），原名文生，又名光复，江苏无锡人。物理学家、教育家，我国近代物理学事业奠基人之一。1936—1949年，任浙江大学教授、文理学院院长、理学院院长。

浙大西迁开始后，受命出任"非常时期教育委员会常委"，负责迁校的具体工作。凡学校的西迁行址、沿途交通、沿站和目的地的房屋、物品、供应、安全等，以及全校图书、仪器、设备的搬运，都由他先行提出方案。每次举迁，他都带领先遣队提前上路，进行实地调查，一旦校址选定，又赶赴当地，修缮房屋，安排教室、宿舍等，并调查当地的商贸情况、物资来源，粮油和木材的年供应量，列出具体数据，以保证大部队顺利进驻并迅速展开正常的教学、科研活动。

胡刚复有一"绝招"，就是以自己两臂伸展后的长度作为"天然直尺"，快速测量房屋长、宽和面积多少，估算可供现成利用的房屋有多少，修缮后可以使用的有多少，什么地方可以做集会场所，什么地方可以做图书馆，能不能保证浙大的教学和住宿等。

在兵荒马乱之中，由于他的协助与安排，西迁过程中的学校图书资料、仪器设备等每次都能安全运抵，遇到险情，也都能转危为安，这不能不说是一个奇迹。

△ 胡刚复（右二）在江西泰和县上田村大原书院前留影。

人物链接 / 物理学家、教务长张绍忠

张绍忠（1896—1947），字荩谋，浙江嘉兴人，物理学家、教育家。早年在南京高等师范学校学习，后赴美留学，先后在芝加哥大学、哈佛大学学习物理。1927年到浙江大学创建物理系，任系主任。后曾任文理学院副院长、教务长等职。

张绍忠致力于延揽、培育师资，争取经费购置图书和仪器设备，为浙大物理系的发展奠定了基础。为节省开支，亲自制作出壁装电流计架子、多极水银扩散真空泵及油泵等设备，既充实了实验设备，又锻炼和培养了人才。

1937年任浙江大学特种教育委员会主席。在西迁途中，每到一处，总是不顾疲劳，先考虑安置教室和实验场所，力争尽早开学。1939年出任教务长。在他的倡导下，学校制定了严格的考试和升留级制度以及各种校纪。一方面，他是铁面无私的"包公"，对学生录取与学期标准不肯通融。另一方面，他又爱才惜才，即使是因他严格管理心生怨恨以致偷偷把污物倒在他办公桌上的学生，他也暗中为其开脱，使其保住得来不易的学籍。张绍忠曾先后四次代理校务工作，为学校发展鞠躬尽瘁。

张绍忠是中国物理学会早期领导人之一，著有《液体在高压下之电解常数》等著作。

图说浙大：浙江大学校史简本

1897

1927

1949

人物链接 / "奥运篮球第一哨"舒鸿

舒鸿（1894—1964），浙江慈溪人。体育教育家。中学毕业后就读于上海圣约翰大学。1919年赴美留学，在美国春田学院攻读体育专业。1923—1925年，在克拉克大学学习，获卫生学硕士学位。1934年起，任浙江大学教授、体育部主任、总务长等职。

1936年，第十一届奥运会在德国柏林举行。

他担任篮球决赛主裁判，以其"心明眼快，裁判公正"，引来了国际体育界钦佩的目光，被誉为中国人在奥运会上的"第一哨"。

舒鸿对于浙江大学的体育教育作出了重要贡献。西迁办学期间，他与校长竺可桢都十分重视游泳课，经常一起考察游泳之场所，并将游泳课作为体育必修课。在江西泰和，他与竺可桢校长畅游赣江时，认为赣江可作学生游泳课的训练场所，并将一水流平稳的浅水区圈成临时游泳池，供学生使用。为严格游泳课课堂纪律，他想出妙招，将一张课桌置于游泳池的浅水处，花名册放置课桌上，并宣布，上游泳课必须在花名册上签到，否则以旷课处理。如此一来，一些害怕下水、不愿游泳的学生也"争先恐后"跳入水中。舒鸿就是这样想尽办法，开好体育课，锻炼学生身体。

1998

△ 舒鸿与学生合影

人物链接 / "民主教授"费巩

费巩（1905—1945），江苏苏州人。现代法学家、经济学家。早年留学英国。1933年加盟浙江大学，担任大学政治和经济学教授。1940年，应竺可桢校长之聘，以非国民党员身份担任浙江大学训导长，打破了当时国民党当局规定的非国民党员不得担任训导长的规定。

费巩公正刚直，胸怀坦荡，尽力为学生谋利益，在就职时就宣布不领训导长薪水，并将此薪资作为改善学生生活之用。在担任训导长期间，费巩了解到学生在昏暗且冒烟的油灯下学习，不但影响视力，而且不利于身体健康，感到非常不安，就自行试验设计出了灯光亮稳、可加灯罩的油灯，并自行出资制作800多盏，分送到学生宿舍，以供学生学习之用。学生们感念其关爱之情，将这种油灯亲切地称为"费巩灯"。

费巩认为，青年学生道德成长十分重要。他说："做教员的，不仅要教学生技能知识，并且要教以为人立品之道。"为此，他力行导师制，主张通过师生密切接触，对学生施以具体的品德教育，还将转变和提升民族的精神素质列为大学教育的首要追求。

抗战时期，费巩因积极参与大后方的民主宪政运动，针砭国民党反动当局的腐败政治，支持校内进步学生，招致国民党反动派的嫉恨。1945年，他被反动当局秘密逮捕，并遭杀害，年仅40岁。费巩以其高尚师德和人品，赢得了一届又一届浙大学子的衷心爱戴。1978年9月，上海市政府正式追认费巩教授为革命烈士。

人物链接 ／ 实业家汤永谦、姚文琴夫妇

汤永谦（1919—2013），浙江宁波人。美籍华人实业家。

姚文琴（1919—2021），浙江杭州人，联合国著名幼儿教育专家。

汤永谦1940年毕业于浙江大学化工系，成绩优异，毕业后留校任教，并成为浙大化工系第一届研究生。1944年，考取公费留美生，在哥伦比亚大学获博士学位。1976年，创建了特克里公司，并出任公司总裁。因其出色业绩，于1978年荣获美国政府授予的"亚裔商业杰出奖"、纽约市政府授予的"杰出企业奖"。他创办的公司曾被评为美国新泽西州50家发展最快的企业之一。

姚文琴女士1940年毕业于浙江大学教育系，曾在我国著名教育家陈鹤琴先生麾下任研究助教。在陈先生指导下，她赴美进修，先后获匹兹堡大学初等教育硕士学位，并在哥伦比亚大学主修幼儿教育，1950年被联合国纽约国际学校聘为幼儿教师，为国际幼儿教育作出了重要贡献。

汤永谦、姚文琴伉俪饮水思源，为感谢母校的培育，自20世纪迄今，慷慨捐资折合人民币近亿元，支持建设"浙江大学永谦学生活动中心""浙江大学永谦数学大楼""浙江大学永谦化工大楼"和设立"浙江大学化工学院汤永谦、汤永年基金""浙江大学汤永谦学科建设发展基金""浙江大学文琴艺术总团""浙江大学城市学院汤氏教育基金""浙江大学幼教研究发展基金"等，为我校的学科建设发展和人才培养发挥了重要作用。汤永谦先生于1997年被浙江大学授予名誉教授，姚文琴女士于2003年被母校聘为"浙江大学幼儿教育中心名誉主任"。

097

第二章 探求崛起
（1927—1949）

1897

1927

1949

1998

（七）校训和校歌

　　1938年11月19日，根据竺可桢校长的提议，浙江大学校务会议讨论正式确定以"求是"为校训，并请国学大师马一浮先生撰写浙江大学校歌歌词。在中华民族危亡的关头，在极度的艰难困苦中，这更充分体现了我国知识分子不屈不挠、奋发图强、献身科学、服务民众的高尚品格和精神风貌，具有特殊的代表性和历史文化价值。

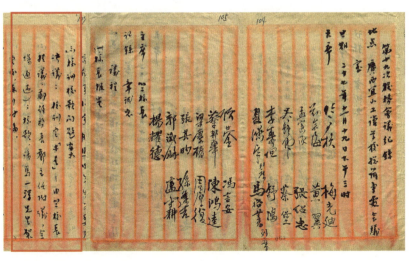

△ 国立浙江大学第19次校务会议记录局部，决定以"求是"为校训。

1. "求是精神"内涵

为阐发"求是"校训的内涵，竺可桢校长发表了《王阳明先生与大学生的典范》（1938年11月）、《求是精神与牺牲精神》（1939年2月）和《科学之方法与精神》（1941年5月）等重要演讲与论著。竺可桢校长反复强调："求是精神"就是一种"排万难，冒百死以求真知"的精神，必须有严格的科学态度，"一是不盲从，不附和，不计利害；二是不武断，不蛮横；三是专心一致，实事求是"；"求是精神首先是科学精神，但同时又是牺牲精神、奋斗精神、革命精神"。"求是精神"既是对浙江大学"勤、诚"等优良传统的延续和升华，也是新时期新形势下青年学生作为未来社会和国家领袖所必要的精神品质，提出"求是的路径"就是："博学之、审问之、慎思之、明辨之、笃行之"。从此，浙大师生对"求是精神"有了深层次的理解。

△ 竺可桢的《求是精神与牺牲精神》。

2. 校歌

　　1938年12月8日的校务会议正式通过了由马一浮撰写的浙江大学校歌歌词。马一浮先生的校歌歌词，引用了较多的古典，用的是文言文，但是竺可桢校长认为马一浮的歌词虽文理艰深，但含意深远，很能体现浙江大学所追求的求是精神。为了理解和宣传校歌，竺可桢校长又请中文系主任郭斌龢教授面向广大学生讲解校歌歌词，之后还亲自对校歌作了一次生动的宣讲。

　　1941年6月，竺可桢校长又致函著名音乐家、歌唱家、国立音乐专科学校应尚能教授为校歌谱曲。应尚能教授很快完成了谱曲任务。8月10日，"回声"歌咏队在湄潭浙大附中礼堂里，首次演唱校歌。从此，校歌就在有浙大人的各个地方传唱开来。如今每年的新生始业教育，老生都要教新生学唱校歌，已经成为惯例。

　　2014年教育部新闻办公室官方微博"微言教育"公布了最受网友欢迎的高校校歌前十名单，《浙江大学校歌》荣登榜首，获得"最美校歌"的称号。

1897

1927

1949

1998

人物链接 / "一代儒宗"马一浮

马一浮（1883—1967），字一浮，又字一佛，号湛翁、被褐，晚号蠲叟、蠲戏老人，浙江绍兴人。儒学大师、书法篆刻家，现代新儒学学派的创始人之一，有"儒释哲一代宗师"之称。1903年留学北美，学习西欧文学，后又留学日本，研究西方哲学，1911年回国。新中国成立后，先后担任浙江文史馆馆长、中央文史馆副馆长等职。

1938年受竺可桢之聘加盟浙大，任浙江大学国学讲座教授。马一浮在浙大讲学近一个学年，以张载的"横渠四句"："为天地立心，为生民立命，为往圣继绝学，为万世开太平"为宗旨，激励青年学生"树起脊梁，猛著精采，依此立志"。

在浙大期间，他阐发体悟多年的"六艺统摄一切学术"的学说，由其弟子记录，以《泰和宜山会语》为名结集出版，成为马一浮一生中极其重要的代表作之一。

马一浮为学校留下的又一宝贵文化遗产是，在宜山时期，他接受竺可桢校长的约请，撰写了流芳后世的浙大校歌歌词。

△ 1939年马一浮将离开浙江大学赴川筹办复性书院时，赋七律一首，留别浙江大学讲友。

1897

1927

1949

1998

应尚能（1902—1973），浙江宁波人。声乐家、作曲家。1930年，任国立音乐专科学校教授。抗战爆发后，曾主持教育部音乐教育委员会实验巡回合唱团，并历任国立音乐学院、戏剧专科学校、社会教育学院教授。

△ 浙江大学校歌歌谱。

1897

1927

1949

1998

● 马一浮解释的浙江大学校歌内涵

今所拟首章，明教化之本，体用一原，显微无间，道器兼该，礼乐并得，以救时人歧而二之之失。言约义丰，移风易俗之枢机，实系于此。

次章出本校缘起，以求是书院为前身，闻已取"求是"二字为校训。今人人皆知科学所以求真理，其实先儒所谓事物当然之则，即是真理。（事物是现象，真理即本体。理散在万事万物，无乎不寓。所谓是者，是指分殊；所谓其者，即理一也。）凡物有个是当处，乃是天地自然之序。物物皆是当，交相为用，不相陵夺，即是天地自然之和。（是当犹今俗言停停当当，亦云正当。）序是礼之本，和是乐之本，此真理也。（六经无真字，老、庄之书始有之。《易》多言"贞"，贞者，正也。以事言，则谓之正义；以理言，则谓之真理。或曰诚，或曰无妄，皆真义也。是字从"正"，亦贞义也。以西洋哲学真善美三义言之，礼是善，乐是美，兼善与美，斯真矣。《易》曰："天下之动，贞夫一者也。"《华严》谓之一真法界，与《易》同旨。）故谓求是乃为求真之启示，当于理之谓是，理即是真，无别有真。《易》曰：校"水洊至，习《坎》。君子以常德行，习教事。"义谓水之洊至，自涓流而汇为江海，顺其就下之性而无骤也。君子观于此象，而习行教化之事，必其德行恒常，然后人从之。本校由求是蜕化而来，今方渐具规模，初见经纶之始，期其展也，大成如水之洊至，故用习坎之义。取义于水，亦以其在浙也。"无曰"四句，是诫勉之词，明义理无穷，不可自足，勿矜创获，勿忘古训，乃可日新。"开物成务""前民利用"，皆先圣之遗言，今日之当务。（"前民"之"前"，即领导之意。）傅说之告高宗曰："学于古训乃有获。"今日学子，尊今而蔑古，蔽于革而不知因，此其失也。"温故知新"可以为师教者，所以长善而救其失。此章之言丁宁谆至，所望于浙大者深矣。

103

第二章 探求崛起
（1927—1949）

1897

1927

1949

1998

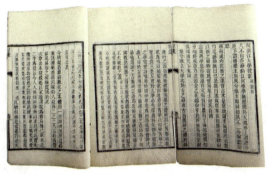

△ 马一浮《宜山会语》

　　末章之意与首章相应。首言体之大，末言用之弘。"念终始典于学"，是《说命》文。典者，常也。久于其道而天下化成，乃终始典学之效。成山假就于始篑，修涂托至于初步，要终者必反始，始终如一也。"思曰睿，睿作圣"，是《洪范》文。"观其会通，以行其典礼"，是《易·系辞》文。"知至至之，可与几也。知终终之，可与存义也"，《易·乾》文言文。"知至"即始条理事，"知终"即终条理事。"同人于野，亨"，《易·同人》卦辞。"同人于宗，吝"，《同人》六二爻辞。野者，旷远之地，惟廓然大公，斯放之皆准而无睽异之情，故亨。宗者，族党之称，谓私系不忘，则畛域自封，终陷褊狭之过，故吝。学术之有门户，政事之有党争，国际之有侵伐，爱恶相攻，喜怒为用，皆是"同人于宗"，致吝之道。学也者，所以通天下之志，故教学之道，须令心量广大，绝诸偏曲之见，将来造就人才，见诸事业，气象必迥乎不同，方可致亨。又今学校方在播迁之中，远离乡土，亦有"同人于野"之象。（大学既为国立，应无地方限制，若谓必当在浙，亦是"同人于宗"，吝道也。）然此之寓意甚小，无关宏恉，他日平定后还浙，长用此歌，于义无失。

——选摘自马一浮《宜山会语》

1897

1927

1949

（八）东方剑桥

1944年，英国皇家科学院院士李约瑟博士应邀到湄潭参加中国科学社年会。期间，李约瑟先后两次参观访问浙江大学，他对浙大在如此艰苦条件下学术空气之浓、师生科研水平之高，十分惊叹，盛赞浙大是"中国最好的四所大学之一"，可与牛津、剑桥、哈佛相媲美。1946年12月，查良镛（金庸）先生在《东南日报》上发表文章《访问东方的剑桥大学——浙江大学》。浙江大学"东方剑桥"的称誉不胫而走。

李约瑟（Joseph Needham）
（1900—1995）
英国皇家科学院院士、中国科技史专家、前驻华科学考察团团长

1998

Between Chungking and Kweiyang at a small town called Tsunyi is to be found Chekiang University, one of the best four in China. Housed largely in old and dilapidated temples, there is not enough room for all of it at Tsunyi, so the scientific faculties are situated at a very pretty and very small town, Meitan, some 75 km. away to the east. It is typical of the present transport situation in China that although the University started with three trucks and a car to maintain its communications, all have long ago broken down and are unrepairable and unreplaceable, so that eminent and aged scholars such as the deans of faculties on their necessary journeys have to perch on the top of loaded army trucks on a trip which may take two days, over a road passing through very few inhabited places.

◁ 1945年，李约瑟在NATURE杂志上发表文章"Science in Kweichow and Kuangsi"指出：浙江大学是"中国最好的四所大学之一"。

1897

1927

1949

▷ 李约瑟在湄潭看到
的教学实验场景。

1998

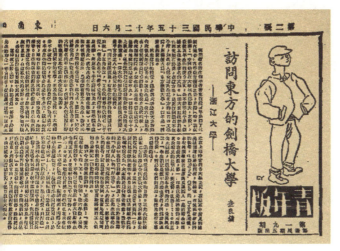

◁ 1946年12月6日，
查良镛（金庸）先生在
《东南日报》上发表文
章《访问东方的剑桥大
学——浙江大学》。

1. 办学规模不断壮大

　　浙大西迁历经磨难，但是学校办学规模不仅没有因为环境的恶劣受到任何影响，反而不断壮大。浙江大学在全面抗战初期由杭州西迁时，仅有文理、工、农3个学院16个系。1938年，成立师范学院；1939年，文理学院一分为二，分别成立文学院和理学院，同时成立浙东分校（龙泉分校）；1945年，成立法学院；1946年，又成立了医学院。截至1946年初，浙江大学已经发展成为一所拥有文、理、工、农、医、法、师范共7个学院26个学系，1个研究院，4个研究所，5个学部，1个研究室，2个先修班及1所附属中学，另有工场11所，农场300余亩，具有较高声誉的综合性大学。

浙江大学研究院各研究所一览（1939—1946）

机构名称	文科研究所	理科研究所		工科研究所	农科研究所
	史地学部	数学部	生物学部	化学工程学部	农业经济学部
成立时间	1939年8月	1940年8月	1942年8月	1941年8月	1942年8月
主任	张其昀	苏步青	贝时璋	李寿恒	吴文晖

　　浙江大学于1941年成立研究院，极大推进了浙江大学的科学研究与教育工作，为浙江大学的崛起提供了强大支撑。

1897

1927

1949

△ 理科研究所数学学部部分师生留影（摄于1945年9月）。

1998

　　在西迁过程中，学生人数也有所增长。1936年时，浙大有教授、副教授70余人，学生512人。1937年10月统计，浙大有学生633人，随校西迁的学生有460人。至1946年复员返杭时，有教授、副教授201人，在校学生2171人。浙江大学在遵义时期历年毕业生共有1857人。

　　在校教职员人数由于抗战时期经费缩减，增加不多，职员人数还有所减少。1941年6月，教师210人，职员165人，合计375人。至1944年，教授、副教授144人，讲师38人，助教110人，职员128人，合计420人。总人数增加45人，其中教师增加82人，职员减少37人。而1944年时在校大学生达1658人，比1937年10月的633人增加1.6倍多，而教职员总数增加很少，由此可见办学效益比战前有很大提高。

1897

1927

1949

1998

2. 名师云集、英才辈出

西迁时期的浙江大学，在竺可桢校长的主持下，荟聚众多名师英才。在这期间任教或就学于浙江大学、后来成为中国科学院院士的师生人数达54人，创造了中国高等教育史的一大奇迹。

● 两院院士中的浙大西迁时期教师有 28 位

王 序	王淦昌	王葆仁	贝时璋	卢鹤绂	冯新德	任美锷
向 达	刘恢先	苏元复	苏步青	吴征铠	吴浩青	张肇骞
陈建功	罗宗洛	竺可桢	姚 鑫	钱令希	钱钟韩	徐芝纶
涂长望	谈家桢	黄秉维	梁守槃	蔡邦华	蔡金涛	谭其骧

（以下按姓氏笔画排序）

◆ **王 序**（1912—1984），化学家。1940年至1941年任浙江大学化学系教授。

1897

◆ **王淦昌**（1907—1998），核物理学家。1936年至1950年在浙江大学任教。担任浙江大学物理系主任，教授。

◆ **王葆仁**（1907—1986），化学家。1941年至1951年任浙江大学化学系教授、系主任。

◆ **贝时璋**（1903—2009），细胞学家。1930年至1950年任浙江大学生物系教授、系主任，理学院院长。

1927

◆ **卢鹤绂**（1914—1997），核物理学家。1945年至1952年任浙江大学物理系教授。

◆ **冯新德**（1915—2005），化学家。1942年至1944年在浙江大学化学系任教。

1949

◆ **任美锷**（1913—2008），地貌学、海洋地质学家。1939年至1942年任浙江大学史地系教授。

◆ **向 达**（1900—1966），中西交通史和敦煌学专家。1939年在浙江大学任教。

◆ **刘恢先**（1912—1992），结构工程与地震工程专家。1938年至1946年任浙江大学教授。

◆ **苏步青**（1902—2003），数学家。1931年至1952年任浙江大学数学系教授、系主任、教务长。

1998

◆ **苏元复**（1910—1991），化学工程学家。1933年毕业于浙江大学化学工程系，后于1941年在浙大任教。

◆ **吴征铠**（1913—2007），化学家。1940年至1952年任浙江大学化学系教授。

◆ **吴浩青**（1914—2010），化学家。1935年毕业于浙江大学化学系。

◆ **张肇骞**（1900—1972），植物学家。1939年至1941年任浙江大学生物系教授。

◆ **陈建功**（1893—1971），数学家。1919年至1952年先后在浙江甲种工业学校、浙江工业专门学校（浙江大学前身）任教，在浙江大学任教授、数学系主任。

- ◆ **罗宗洛**（1898—1978），植物生理学家。1940年至1944年任浙江大学教授。

- ◆ **竺可桢**（1890—1974），气象学家、地理学家和教育家。1936年至1949年任浙江大学校长，后任中国科学院副院长，中国科学技术协会副主席。

- ◆ **姚　鑫**（1915—2005），实验生物学、肿瘤生物学家。1937年毕业于浙江大学生物系，后留校任教至1950年。

- ◆ **钱令希**（1916—2009），工程力学家。1943年至1951年任浙江大学土木系教授、系主任。

- ◆ **钱钟韩**（1911—2002），热工自动化学家。1937年至1945年任浙江大学机械系教授。

- ◆ **徐芝纶**（1911—1999），工程力学家。1937年至1943年在浙江大学土木系任教，教授。

- ◆ **涂长望**（1906—1962），气象学家。1939年至1942年任浙江大学史地系教授。

- ◆ **谈家桢**（1909—2008），遗传学家。1937年至1952年任浙江大学生物系教授、理学院院长。

- ◆ **黄秉维**（1913—2000），地理学家、综合自然地理学家。1938年至1943年在浙江大学史地系任教。

- ◆ **梁守槃**（1916—2009），航空工程专家。1945年至1952年任浙江大学航空工程系教授、系主任。

- ◆ **蔡邦华**（1902—1983），昆虫学家。1929年于国立浙江大学农学院任教，1938—1952年任国立浙江大学农学院教授、院长。

- ◆ **蔡金涛**（1908—1996），电讯工程学家。1944年至1945年任浙江大学电机系教授。

- ◆ **谭其骧**（1911—1992），历史地理学家。1940年至1950年在浙江大学史地系任教，教授。

● 两院院士中的浙大西迁时期学生有 26 位

毛汉礼	叶笃正	朱祖祥	池志强	杜庆华	李政道	谷超豪
张友尚	张直中	陈吉余	陈述彭	胡济民	侯虞钧	施教耐
施雅风	施履吉	钱人元	徐承恩	徐僖	郭可信	黄文虎
程开甲	程民德	谢义炳	谢学锦	戴立信		

1897

1927

1949

1998

（以下按姓氏笔画排序）

- **毛汉礼**（1919—1988），海洋水文物理学家。1943年毕业于浙江大学史地系。

- **叶笃正**（1916—2013），气象学家。1943年毕业于浙江大学研究院史地研究所，获硕士学位。

- **朱祖祥**（1916—1996），土壤化学家。1938年毕业于浙江大学农学院，后留校任教。

- **池志强**（1924—2020），神经药理学家。1949年毕业于浙江大学药学系。

- **杜庆华**（1919—2006），固体力学家。1937年就读于国立浙江大学。

- **李政道**（1926—2024），物理学家。1943年至1944年曾在浙江大学物理系就学。

- **张友尚**（1925—2022），生物化学家。1948年毕业于浙江大学化工系。

- **张直中**（1917—2011），雷达工程专家。1940年毕业于浙江大学电机系。

- **谷超豪**（1926—2012），数学家。1948年毕业于浙江大学数学系。

- **陈吉余**（1921—2017），河口海岸学家。1947年浙江大学史地系地貌专业研究生毕业，获硕士学位。

- **陈述彭**（1920—2008），地理学、地图学、遥感应用专家。1941年毕业于浙江大学史地系，后留校任教，同时就读研究生。

- **侯虞钧**（1922—2001），化学工程学家。1945年毕业于浙江大学化工系。后任浙江大学化工系教授。

- **施教耐**（1920—2018），植物生理学家。1944年毕业于浙江大学生物系。

- **施雅风**（1919—2011），地理学和冰川学家。1942年毕业于浙江大学史地系。1944年获浙江大学研究院硕士学位。

113

第二章 探求崛起
（1927—1949）

1897

1927

1949

1998

◆ **施履吉**（1917—2010），细胞生物学家。1940年毕业于浙江大学园艺系。

◆ **胡济民**（1911—1998），核物理学家。1942年毕业于浙江大学，后留校任教一年。

◆ **徐承恩**（1927—2023），炼油工艺专家。1949年毕业于浙江大学化工系。

◆ **徐 僖**（1921—2013），高分子材料科学家。1944年毕业于浙江大学化工系。

◆ **郭可信**（1923—2006），物理冶金、晶体学家。1948年毕业于浙江大学化工系。

◆ **钱人元**（1917—2003），化学家。1939年毕业于浙江大学化学系。

◆ **黄文虎**（1926—2022），机械动力学与振动专家。1949年毕业于浙江大学电机系。

◆ **程开甲**（1918—2018），理论物理学家。1941年毕业于浙江大学后，留校任教至1946年。

◆ **程民德**（1917—1998），函数论学家。1935年入浙江大学数学系，1942年研究生毕业。先后在浙江大学、北京大学数学系任教。

◆ **谢义炳**（1917—1995），气象学家。1943年获浙江大学研究院史地研究所硕士学位。

◆ **谢学锦**（1923—2017），勘查地球化学家。1941年至1945年在浙江大学物理系、化学系就读。

◆ **戴立信**（1924—2024），有机化学家。1947年毕业于浙江大学化学系。

● 西迁时期的人文社科名家

历经浙大西迁的人文社科名家同样群星璀璨，大量名师英才汇聚于浙江大学，比如马一浮、丰子恺、王季思、王驾吾、王庸、方重、叶良辅、田德望、朱庭祜、刘节、严仁赓、李春芬、佘坤珊、沈思岩、张其昀、张荫麟、陈乐素、陈立、郑晓沧、孟宪承、俞子夷、费巩、贺昌群、夏承焘、夏鼐、钱穆、郭斌龢、黄尊生、黄翼、萧璋、梅光迪、梁庆椿、舒鸿、谭其骧、缪钺、德梦铁、潘渊等。

3. 科研和学术成果卓硕

西迁办学时期的浙江大学，在教学、科研等方面取得了累累硕果。文、理、工、农、师范等学院都有重要研究成果问世。

文学院：竺可桢的《二十八宿起源考》，张其昀主编的《遵义新志》，谭其骧的中国历史地理学和《播州杨保考》，张荫麟的《中国史纲》，刘之远的《遵义锰矿》，任美锷与施雅风的《遵义地形》，夏承焘的《词学》，王季思的《中国古典词曲研究》，丰子恺的中国画论等，都是当时乃至今天极有价值的研究成果。

◁ 在浙江大学举办的中国科学社成立30周年学术活动中，竺可桢校长作《二十八宿起源之时代与地点》学术报告（1944年10月李约瑟摄于贵州湄潭）。

△ 张其昀主编的《遵义新志》。　△ 张荫麟手迹——《中国史纲》献辞。

　　理学院：科研成果尤其突出，如苏步青的微分几何，陈建功的三角函数，钱宝琮的《金元之际数学的传授》，王淦昌的中微子研究，束星北的相对论，卢鹤绂与王谟显的量子力学，周厚复的原子理论研究，贝时璋的细胞重建研究，罗宗洛的植物生理学中微量元素研究，谈家桢的遗传学研究，张肇骞的植物分类学，王琎对中国化学史的研究和古钱币的分析研究，王葆仁对氨基苯磺胺衍生物的合成研究，张其楷对有机药物的合成研究等，都是属于科学前沿的重大成果。其中物理系王淦昌教授的《关于探测中微子的建议》1942年刊登在国际著名杂志《物理评论》第61卷第97期，在国际学术界具有划时代的意义。

◁ 数学系教授陈建功与苏步青一起创立的浙江大学"微分几何学派"被称为"陈苏学派"，又称"浙大学派"，在20世纪40年代蜚声中外，与当时美国的芝加哥学派和意大利的罗马学派三足鼎立于国际数学界。图为苏步青教授当年发表的论文。

△ 苏步青教授与家人合影（1942年）。

△ 王淦昌教授的科研手稿。

117

第二章　探求崛起
（1927—1949）

1897

1927

1949

1998

工学院：王国松的电工数学，李寿恒的中国煤炭研究，钱令希的悬索桥理论和余能定理的应用，钱钟韩的工业自动化研究，苏元复的萃取理论和工艺的改进，侯毓汾的活性染料研究，丁绪淮的化工原理等，都取得了高水平的研究成果。

△ 西迁时期的部分学术刊物：《国立浙江大学工程季刊》《化工通讯》。　　△ 王国松、陈晓光在遵义洗马滩机工实验室前小亭合影。

农学院：科研成果因地制宜，密切结合当地农业生产。如卢守耕的水稻育种和胡麻杂交，孙逢吉的荠菜变种研究，彭谦与朱祖祥的土壤酸度试剂，蔡邦华与唐觉的五倍子研究等，都是结合生产实际进行研究并取得成果的。

△ 农艺系卢守耕教授著作《中国稻作学》。

师范学院：文科系成果在文学院，理科系成果在理学院，独有教育一系自成一家，也有不少成果。如郑晓沧的教育论著与译作，黄翼的物理心理学，陈立的智力测试与人格测试的研究，都是当时的新兴学科，其成果在国内外备受关注。

当时，浙大的数学系和生物系在全国有很高声誉，物理系、化学系、化工系、史地系、电机系等也很有名。浙大的学生在全国学业竞赛和公费出国留学生选拔中常常名列前茅。浙大的声誉日隆，成为当时全国少数最好的大学之一。

（九）复员回杭与重建校园

　　1945年8月，日本侵略者无条件投降，中国抗日战争取得了彻底胜利。但是，由于在杭校舍经历战乱破坏，满目疮痍，需要一段时间重建校园，因此浙江大学遵义总校迟至1946年5月才开始分批返杭。之前，浙江大学龙泉分校则于1945年先期复员回杭。1946年9月，原分散在贵州遵义、湄潭、永兴及浙江龙泉等地的浙江大学师生全部抵达杭州，重新成为一个整体。

▽ 国立浙江大学复员专车（1946年5月摄于贵州遵义）。

△ 1945年6月，学校在遵义浙大总办事处门前树立"国立浙江大学黔省校舍记"碑，以志纪念。

1. 重建校园

回杭后的首要工作，就是修葺校舍，重建校园。因学校的办学规模在西迁中有所扩大，而在杭校舍又大部分在战乱中被毁坏，浙大校舍的重建任务十分艰巨。学校除陆续修复原有教室、宿舍和办公用房外，又新建了一批校舍，并将修复和新建的大楼及宿舍群，冠以地方先贤和学校西迁办学地名，如重建后的教学、办公大楼分别命名为"阳明馆""梨洲馆""舜水馆""存中馆""叔和馆"等，以资纪念。

△ 被炸毁的杭州校园女生宿舍（摄于1945年9月）。

△ 梨洲馆、舜水馆及校长办公室建筑群（摄于1947年9月）。

△ 原学校总办公厅被毁，仅剩屋架。

1897

1927

1949

1998

△ 华家池教学大楼神农馆、后稷馆、嫘祖馆，取名意在不忘以农为本（摄于1948年3月25日）。

△ 阳明馆（摄于20世纪40年代）。

△ 大学路校园内新建的游泳池。

△ 金工工场。

△ 原动力实验室。

△ 化学实验室。

2. 在动荡中办学

　　1946—1949年间，局势动荡不安，师生生活极其窘迫，思想苦闷。但是，学校在困境中坚持办学，科研机构更加完善，办学规模也有所扩大。这一时期，又有部分著名学者加盟，包括卢嘉锡、王季午、李浩培、吴定良等。

△ 新成立的法学院部分老师合影（左二为院长李浩培，摄于20世纪40年代）。

△ 1947年，竺可桢校长赴美延聘师资，图为竺可桢校长（中）与王仁东教授（右）、侯虞钧教授（左）合影。

△ 1948年，胡适先生来浙江大学讲学。图为胡适先生（左五）与苏步青教授（右一）、张其昀教授（左三）等在校长办公室前合影（摄于1948年10月20日）。

△ 竺可桢与部分教授在校长办公室前合影（摄于1948年）。

1897

1927

1949

1998

1946年，国立浙江大学医学院筹备小组成立。1947年8月，医学院筹备会结束。同年11月，成立医学院附属医院。

▷ 医学院附属医院开业典礼合影（摄于1947年11月1日）。

人物链接 / "航空四老"之一梁守槃

梁守槃（1916—2009），福建福州人。中国科学院学部委员（院士）。著名导弹和火箭专家，我国航天事业的奠基者之一。浙大航空系教授，1949年6月后任系主任，1952年因院系调整至哈尔滨军事工程学院任教。

在浙大任教期间，梁守槃为我国的航空专业发展和人才培养付出了大量心血、发挥了重要作用。新中国成立后，成为中国第一任海防导弹武器系统的总设计师，为祖国的航天事业和海防导弹事业作出了卓越贡献，被誉为"中国海防导弹之父"。他与任新民、屠守锷、黄纬禄并称为中国"航空四老"。

△ 抗日战争胜利后，浙江大学成立航空系，图为航空工程实验室。

123

第二章　探求崛起
（1927—1949）

1897

1927

1949

1998

（十）参与接管"台北帝国大学"

抗战胜利前夕，原浙大教授、时任中央研究院植物研究所所长罗宗洛先生向国民政府教育部部长、中央研究院院长朱家骅提出了接收日本人在上海设立的自然科学研究所和在台湾设立的"台北帝国大学"的建议。罗宗洛认为，该校研究水平甚高，可与日本本土的帝国大学相比，接收以后，可以办成像北京大学、清华大学、浙江大学、中央大学这样的著名大学。日本侵略者投降之后，国民政府派员接收台湾，朱家骅就敦请罗宗洛组织人员赴台湾接收"台北帝国大学"。

接收"台北帝国大学"的小组除组长罗宗洛之外，还有浙大教授苏步青、陈建功、蔡邦华等。进驻"台北帝国大学"后，陈建功任教务长，蔡邦华任农学院院长，苏步青任理学院院长。罗宗洛为学校负责人，后任代理校长。接收完成后学校更名为台湾大学。

罗宗洛（1898—1978），浙江台州人。植物生理学家。1940—1944年任浙江大学教授。1948年当选为中央研究院院士。1955年当选为中国科学院学部委员（院士）。

1897

1927

1949

1998

△ 接收小组成员讨论接收方案（右一为蔡邦华、右三为罗宗洛、右四为苏步青、左一为陈建功，摄于20世纪40年代）。

蔡院长、陈建功、蔡步青三位先生不日将赴台湾辅导教青文化工作，湄潭各系纷纷热烈欢送云。廿四日总理纪念周张数务长讲演，对于大学之课程，规则舆使命，详加训示。

中秋节在大食堂举行迎新聚餐。

本期增开俄文课程，由德蘅诚先生教授。

女同学膳委会为衡生起见，本月廿日已实行身食云。

（十月一日）

__湄潭通讯__

◁《国立浙江大学校刊》复刊第132期，在"湄潭通讯"栏刊登了浙大教授赴台湾参加接收工作的消息。

（十一）东南"民主堡垒"

随着解放战争的爆发，学校再次陷入动荡不安之中。社会上物价飞涨，校园内师生生活水平急剧下降。因"饥寒交迫，生活陷于绝境"，学校教授会致电国民政府教育部等机构，要求改善待遇，并于1949年初两次派代表去南京交涉，甚至面见代总统李宗仁，均毫无结果。

广大学生积极参加到由中国共产党领导的"第二条战线"的各种运动中去，掀起了震撼全国的"于子三运动"，学校被誉为"民主堡垒"。

人物链接 ／ "好学生"于子三

　　于子三（1925—1947），原名泽西，山东牟平人。1944年考入浙江大学农艺系。在校期间，他积极参加进步学生活动，是进步社团"新潮社"的实际负责人，是"新民主青年社"华家池分社的负责人。1947年被推选为浙江大学学生自治会主席，积极配合当时浙大地下党组织工作，全力领导复员回杭后浙江大学第一届学生自治会理事会的普选活动。

1897

1927

1949

1998

　　1947年10月26日，浙大农艺系学生、校学生自治会主席于子三与另外三位同学，在杭州大同旅馆被国民党特务秘密逮捕。面对反动当局的刑讯逼供，于子三宁死不屈，惨遭杀害，年仅23岁。于子三遇害后，浙大师生义愤填膺，学生罢课，教授罢教。竺可桢校长称于子三"作为一个学生，是一个好学生，此事将成为千古奇冤"。

　　浙大师生的抗议活动得到了清华大学、北京大学、交通大学等全国各地高校的纷纷声援，在中国共产党的领导下，形成了全国性的"反饥饿、反内战、反迫害"的学生运动，成为国统区波及全国的第三次学生运动高潮，史称"于子三运动"。

△ 于子三（中）与同学在图书馆合影（摄于20世纪40年代）。　△ 浙大学生为于子三烈士出殡的场面（摄于1948年）。

● 浙大地下党组织的活动

　　1947年2月，中共中央上海分局指示地下党员许良英联络组建中共浙大党支部，刘茂森担任浙大党支部书记。同年8月，改组浙大党支部，许良英继任书记。12月，中共中央上海局青年组以浙大党支部为基础，成立杭州工作委员会，浙大党支部改由李景先接任书记。1948年1月吴大信接任支部书记。9月，浙大党支部扩建为党总支部。浙大地下党员逐渐增多。在党的坚强领导下，浙大学生积极组织学生参与"五二〇"运动，开展护校迎解放斗争。

　　1948年2月，毕业留校任教的谷超豪经介绍加入了城工系统地下党。同年，他和李文铸、张翰等人在学校发起组织了一个进步科学社团"求是科学社"。1949年，谷超豪担任由中共杭州市委领导下的科协工作组组长，保全了几乎所有杭州市科技机构。他与张叶明、郑乃森、程嘉钧、范复礼、陈扬轩等浙大进步青年推动了雷达研究所起义，保存了在当时极为宝贵的雷达设备，积聚了一批雷达工程技术人员，为解放后人民空军第一支雷达部队的组建打下了基础。

△ 1947年第一学期浙江大学学生自治会首届普选全体理事合影。

△ 1947年，浙大学生李文铸在张贴"反内战，才会享太平"的标语。

（十二）护校迎解放

1949年5月3日，杭州解放。翌月，中国人民解放军华东军区杭州市军事管制委员会对国立浙江大学实行军事接管。浙江大学迎来解放，翻开浙江大学办学史上新的一页。

1949年4月24日，在竺可桢校长倡议下，浙江大学成立"应变委员会"。竺可桢校长在4月29日离杭避沪后给应变委员会正副主席严仁赓、苏步青教授的信中，嘱"创新局面，而发扬浙大"。

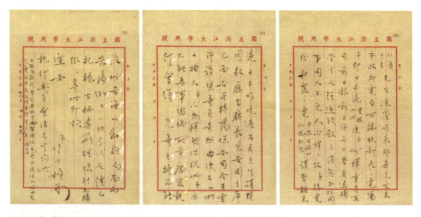

△ 1949年4月29日，竺可桢致校应变委员会正副主席严仁赓、苏步青教授的信函。

第二章　探求崛起
（1927—1949）

◁ 为抵制国民党当局迁校，防止特务破坏，学校修筑应变墙以保护校园。图为苏步青教授（中）在应变墙开工时讲话（摄于1949年）。

△ 浙大学生欢迎人民解放军。

1949
—
1998

第三章

调整发展

1949—

1998

第三章　调整发展

历史概述

　　中华人民共和国成立后，浙江大学进入了发展的新纪元。经过1952年院系调整，浙大一部分学科和教师调出，留杭部分发展成为后来的浙江大学、杭州大学、浙江农业大学和浙江医科大学。几十年中，源出一脉的四所高校继承和发扬"求是"传统，紧紧围绕我国社会主义建设需要，培育人才，创新科技，服务社会，各自发展成为所在领域中实力较强、影响突出的高水平大学，形成了以求是精神为共同价值追求、体现学科差异和办学特色的大学文化，为国家的高等教育事业和科学技术的发展作出了积极贡献。

浙江大学历任党委书记一览

姓名	任期
金孟加	1952年5月—1952年9月
刘亦夫	1952年9月—1952年12月
刘　丹	1952年12月—1958年1月
周荣鑫	1958年1月—1962年3月
陈伟达（兼）	1962年5月—1968年3月
刘　丹	1978年7月—1978年12月
刘　丹 （党委第一书记）	1978年12月—1982年6月
张黎群 （党委第二书记）	1978年12月—1980年10月
黄　固	1982年6—1985年10月
梁树德	1985年10—1998年9月

浙江大学历任校长一览

姓名	任期
马寅初	1949年8月—1951年5月
沙文汉（兼）	1952年10月—1953年1月
霍士廉（兼）	1953年4月—1958年4月
周荣鑫	1958年4月—1962年3月
陈伟达（兼）	1962年5月—1968年4月
钱三强（兼）	1978年12月—1982年6月
杨士林	1982年6月—1984年2月
韩祯祥	1984年2月—1988年1月
路甬祥	1988年1月—1995年4月
潘云鹤	1995年4月—1998年9月

1897

1927

1949

1998

（一）马寅初出任新中国首任浙大校长

　　1949年8月，浙江省人民政府委任马寅初教授为浙江大学校长兼校务委员会主任委员。第一届校务委员会由马寅初等19人组成，马寅初、刘潇然为正、副主任委员。1951年5月，马寅初奉命调任北京大学校长，第二届校务委员会决定，由王国松副校长暂代校长职务。

人物链接　／　人口学家、经济学家马寅初

　　马寅初（1882—1982），字元善，浙江嵊州人。经济学家、人口学家、教育家。1914年获美国哥伦比亚大学研究院经济学博士学位。1949—1951年任浙江大学校长。1951年调任北京大学校长。20世纪50年代提出"新人口论"，对当代中国的人口发展产生了深远影响。1955年当选为中国科学院学部委员（院士）。

　　出任浙江大学校长当天，马寅初提出，今后的浙大，要在人民民主的总方针下，学习新的思想，确定为人民服务的立场，要与建设相结合，培养切合实际要求的专门技术人才，在人民政府领导之下，同心协力，建设人民的浙大，加速建设新浙江。

　　马寅初担任浙江大学校长期间，发扬民主作风，探索民主治校方略。召开全校师生员工代表会议，讨论如何办好学校，掀起了浙大"人人提方案，个个想办法"的以主人翁态度共建新浙大的热潮，成为新中国成立初期浙江大学治校方略的一大特色。

　　马寅初著有《通货新论》《战时经济论文集》《我的经济理论哲学思想和政治立场》《中国国外汇兑》《中国银行论》《中国关税问题》《资本主义发展史》《中国经济改造》《经济学概论》《新人口论（重版）》《马寅初经济论文集（上、下）》等。

△ 1950年4月1-3日，学校召开首届师生员工代表会议，大会共收到965条提案和建议。图为马寅初校长在会上讲话。

（二）学科与院系调整

新中国成立后，为适应国民经济迅速发展的需要，国家急需培养大量各类高级专门人才。1951年11月，全国工学院院长会议在北京召开，拟定了全国工学院的调整方案，并经政务院批准，全国院系调整的方针是：以培养工业建设人才和师资为重点，发展专门学院，整顿和加强综合大学，以华北、华东、中南为重点，实行全国一盘棋。经过调整使大多数省有一所综合性大学和工、农、医、师等专门学院，而学科比较齐全的清华大学、浙江大学等校改为多科性工业大学。

全国院系调整之前，浙江大学已经经历了内部调整和外部调整。内部调整包括撤销、停办师范学院、法学院和文学院史地学系的历史组等。外部调整包括之江大学工学院的土木系、机械系并入浙江大学，英士大学工学院、农学院和文理学院的数学、物理、中文各系并入浙江大学；厦门大学等高校的部分院系划入浙江大学。1952年院系调整时，浙江大学原有的7个学院所属各系除工学院留下电机、机械、化工、土木4系外，其他各系悉数外调。院系调整后，浙江大学的教授人数由1949年的126名减为32名，副教授由59名减为33名。

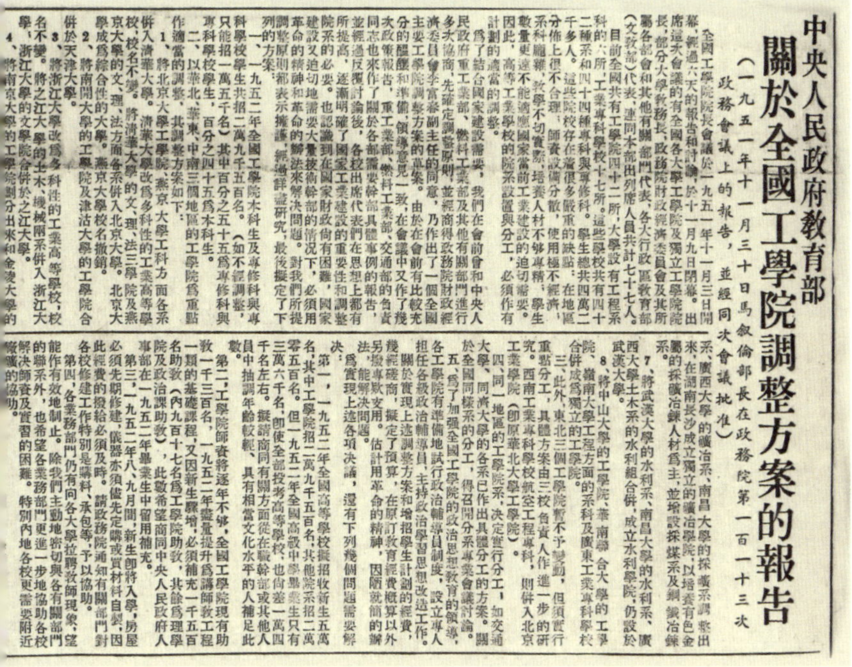

中央人民政府教育部
關於全國工學院調整方案的報告

（一九五一年十一月三十日馬叙倫部長在政務院第一百一十三次政務會議上的報告，並經同次會議批准）

全國工學院院長會議於一九五一年十一月三日開幕，經過六天的報告和討論，於十一月九日閉幕。出席這次會議的有全國各大學工學院及獨立工學院院長，部分大學教務長，政務院財政經濟委員會及其所屬各部會和其他有關部門代表，各大行政區教育部（文教部）代表，連同本部出列席人員共計七十七人。

目前全國共有工學院四十二所，大學設有工程系科的六所，工業專科學校十七所。這些學校共有四十二種系和四十四種專科與專修科。學生總共四萬二千多人。這些院校存在着很多嚴重的缺點：在地區分佈上很不合理；師資設備分散，使用極不經濟；系科龐雜，教學不切實際，培養人材不够專精；學生數量更遠不能適應國家當前工業建設的迫切需要。因此，高等工業學校的院系設置與分工，必須作有計劃的適當的調整。

為了結合國家建設需要，我們在會前曾和中央人民政府重工業部、燃料工業部及其他有關部門進行多次協商，先確定調整原則，並經商得政務院財政經濟委員會李富春副主任的同意，乃作出了一個全國主要工學院調整方案的草案。由於在會前有比較充分的醞釀和準備，領導意見一致，在會議中又作了幾次政策報告，重工業部、燃料工業部、交通部的負責同志也來作了關於各部需要幹部具體事例的報告，並經過反覆討論後，各校出席代表們在思想上都有所提高，逐漸明確了國家工業建設的重要性和調整院系的必要。也認識到在國家財政尚有困難，國家建設又迫切地需要大量技術幹部的情況下，必須用革命的精神和革命的辦法來解決問題。對我們所提調整原則都表示擁護，經過詳盡研究，最後擬定了下列的方案：

一、一九五二年全國工學院本科生及專修科與專科學校學生共招二萬九千五百名。（如不經調整，只能招一萬五千名）其中百分之五十五為專修科與專科學校學生，百分之四十五為本科生。

二、以華北、華東、中南三個地區的工學院為重點作適當的調整，其調整方案如下：

1、將北京大學工學院、燕京大學工科方面各系併入清華大學。清華大學改為多科性的工業高等學校，校名不變。將清華大學的文、理、法三學院及燕京大學的文、理、法方面各系併入北京大學。北京大學成為綜合性的大學。燕京大學校名撤銷。

2、將南開大學的工學院及津沽大學的工學院合併於天津大學。

3、將浙江大學改為多科性的工業高等學校，校名不變。將之江大學的土木、機械兩系併入浙江大學。浙江大學的文學院合併於之江大學。

4、將南京大學的工學院劃分出來和金陵大學的

系、廣西大學的礦冶系、南昌大學的採礦系調整出來，在湖南長沙成立獨立的礦冶學院，以培養有色金屬的採礦冶鍊人材為主，並增設採煤系及鋼鐵冶鍊系。

7、將武漢大學的水利系、南昌大學的水利系、廣西大學土木系的水利組合併，成立水利學院，仍設於武漢大學。

8、將中山大學的工學院、華南聯合大學的工學院、嶺南大學工程方面的系科及廣東工業專科學校合併成為獨立的工學院。

三、此外，東北三個工學院暫不予變動，但須實行重點分工，具體方案由三校負責人作進一步的研究。西南工業專科學校航空工程專科，則併入北京工業學院（即原華北大學工學院）。

四、同一地區的工學院系，決定實行分工，如交通大學、同濟大學的各系已作出具體分工的方案。關於全國同樣系的分工，得召開分系專業會議討論。

五、為了加強全國工學院的政治思想教育的領導，各工學院有準備地試行政治輔導員制度，設立專人担任各級政治輔導員，主持政治學習思想改造工作。

關於實現上述調整方案和增招學生計劃的經費，幾經磋商，擬定了預算，在原訂教育經費概算以外另撥專款支用。估計用革命的精神，因陋就簡的辦法，能解決問題。

為實現上述各項決議，還有下列幾個問題需要解決：

第一，一九五二年全國高等學校擬招收新生五萬名，其中工學院招二萬九千五百名，其他院系招二萬零五百名。但一九五二年全國高級中學畢業生只有三萬六千名，即使全部投考高等學校，也尚差一萬四千名左右。擬請商同有關方面從在職幹部或其他人員中抽調年齡較輕、具有相當文化水平的人補足此數。

第二，工學院師資將逐年不够，全國工學院現有助教一千三百名，一九五二年盡量提升為講師教工程一類的基礎課程，又因新生驟增，必須補充一千五百名助教（內九百十七名為工學院助教，其餘為理學院及政治課助教），此數希望商同中央人民政府人事部在一九五二年畢業生中留用補充。

第三，一九五二年八、九月間，新生即將入學，房屋必須先期修建，儀器亦須儘先定購或買材料自製，因此經費的撥給必須及時。請政務院通知有關部門對各校修建工作特別是購料、承包等，予以協助。

第四，各業務部門仍有向各大學拉聘教師現象，望能作有效地制止。除我們主動地密切與各有關部門的聯系外，也希望各業務部門更進一步地協助各校解決師資及實習的困難。特別內地各校更需要附近廠礦的協助。

△ 1952年4月16日，《人民日报》登载的《中央人民政府教育部关于全国工学院调整方案的报告》。

图说浙大：浙江大学校史简本

● 1952 年前后院系调整流向图

之江大学文理学院一部分

浙大内设浙江师范专科学校

之江大学工学院
土木系、机械系

文学院

浙江大学

理学院

厦门大学发配电及其系统、
工民建和华东化工学院工业
分析等专业

农学院

工学院

医学院及附属医院

公共课部分音乐教师

1897

1927

1949

1998

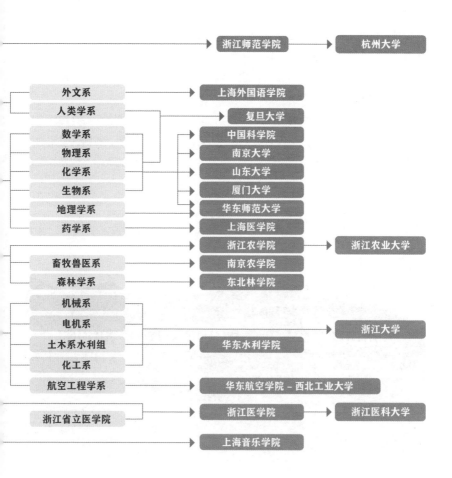

	浙江师范学院 →	**杭州大学**
外文系 →	上海外国语学院	
人类学系 →	复旦大学	
数学系	中国科学院	
物理系	南京大学	
化学系	山东大学	
生物系	厦门大学	
地理学系	华东师范大学	
药学系 →	上海医学院	
	浙江农学院 →	浙江农业大学
畜牧兽医系 →	南京农学院	
森林学系 →	东北林学院	
机械系		
电机系		浙江大学
土木系水利组 →	华东水利学院	
化工系		
航空工程学系 →	华东航空学院 – 西北工业大学	
浙江省立医学院 →	浙江医学院 →	浙江医科大学
→	上海音乐学院	

● 之江大学

　　之江大学是中国历史最悠久的教会大学之一，由基督教美北长老会和美南长老会联合创办，其渊源可追溯到1845年在宁波创立的崇信义塾。1867年，崇信义塾由宁波迁入杭州皮市巷，改名为育英义塾。1897年更名为育英书院。1907年，在月轮山峦修建新校舍，1911年正式迁入新校址。因地处钱塘江弯曲处成"之"字形，故改名称之江学堂。

　　1914年，之江学堂更名为之江大学。1931年，之江大学更名为私立之江文理学院。1940年，私立之江文理学院又改名为之江大学。1951年，被浙江省文教厅接管。1952年，之江大学因院系调整，所属各学院、系与浙江大学（包括原杭州大学的前身浙江师范学院）等有关高校合并，结束了长达百余年的办学历史。

△ 之江大学。

人物链接　/　《共产党宣言》中文翻译第一人陈望道

陈望道（1891—1977），浙江义乌人。著名思想家、社会活动家、教育家和语言文学家，新文化运动的积极推动者、上海共产主义小组创始人之一。1955年当选为中国科学院学部委员（院士）。

1913年考入之江大学专修英语和数学。1919年五四运动爆发，陈望道从日本中央大学毕业回国，任浙江第一师范学校语文教师，并积极投身反帝反封建的新文化运动。他认为"除旧布新，并不是不推自倒、不招自来的轻而易举的事情"，对旧制度的根本改革，必须用马克思主义作为判别的准绳。1920年春，他回浙东老家潜心研究新思潮，并应上海《星期评论》社的约请，专心在一间柴屋里翻译《共产党宣言》。山区的早春，寒气逼人。陈望道在两条长凳和一块床板架起的"桌子"上，在柏籽油灯的微弱灯光下，夜以继日地译完了马克思主义的第一部经典著作、国际共产主义运动的第一个纲领性文件——《共产党宣言》，为马克思主义在中国的传播作出了巨大贡献。

新中国成立后曾任复旦大学校长、全国人大常委会委员、全国政协常委、民盟中央副主席等职。曾主编《辞海》，著有《修辞学发凡》《美学概论》《文法简论》《因明学概略》等。

△ 陈望道译的《共产党宣言》。

从杭州解放到院系调整结束，浙大原文、理、农、医、法等学院和系科相继被调整到其他高校和科研院所，与此同时许多非常有才华的教师也调离浙大，其中后来被评为两院院士的就有23位。

马寅初　　　　王淦昌　　　　王葆仁　　　　贝时璋　　　　卢鹤绂　　　　朱祖祥

苏步青　　　　吴征铠　　　　汪胡桢　　　　沈善炯　　　　谷超豪　　　　陈述彭

陈建功　　　　陈耀祖　　　　姚錱　　　　谈家桢　　　　钱人元　　　　钱令希

梁守槃　　　　程开甲　　　　程孝刚　　　　蔡邦华　　　　谭其骧

△ 院系调整期间调出后来成为两院院士的教师。

（三）院系调整后的浙江大学

　　院系调整后，浙江大学由一所拥有7个学院、24个系、10个研究所的综合性大学变成一所多科性工业大学，设有机械、电机、化工、土木4个工程学系，下设10个四年制本科专业，10个二年制专修科专业。1957年，在多科性工业大学中率先重建理科，逐步形成理工结合的办学格局。1963年，恢复为教育部直属全国重点高等院校。1984年，建立研究生院，开始形成本科与研究生教育并重的教育体制。1989年，被列为全国综合改革试点院校，实施全方位的综合改革，推动了学校快速发展。经过四十多年的改革和建设，原浙江大学发展成为一所基础坚实，实力雄厚，充满生机和活力，居于国内一流，在国际上有较大影响的社会主义大学。

1995年12月，浙江大学被正式列入国家首批"211工程"建设计划的全国重点大学之一。到1998年四校合并前，学校设有13个学院，33个学系，66个博士点，11个博士后流动站；有教职员工4300余人，其中教授300余人，两院院士11人；在校全日制学生13200余人，其中研究生3200余人。浙江大学已发展成为一所以工为主、理工结合，兼有人文、管理，教育质量和科学研究水平稳居国内同类大学前列，在国际上有影响的综合性理工科大学。

1. 建设新校园

院系调整后，学校成立"校舍建设委员会"，酝酿选择新校址，1953年在西湖西北侧的老和山下开始兴建新校园。先后建造了合计面积为35651平方米的4幢教学大楼，合计面积为26183平方米的5幢学生宿舍，以及面积为5928平方米的实习工厂，再加上生活用房和实验室，新校址完成的建筑面积达7.2万余平方米。1956年在校外东侧兴建教职员家属宿舍7幢，约1万余平方米。到1956年末，新校园的建设全部完成。1957年，浙江大学全部搬迁至玉泉新校园。

第三章　调整发展

（1949—1998）

△ 师生参加校园建设劳动场景。

1897

1927

1949

1998

△ 20世纪50—60年代浙江大学校园鸟瞰。

2. 重建理科

1952年院系调整后的浙江大学，只剩下了工科类的学科。没有理科的支撑，教学科研水平就无法提高，学校决定向高等教育部申请增设数学、物理、化学三个专业。1957年3月，高等教育部批复，同意增设数学、物理两个专业（系），并自当年开始招收新生。8月，学校正式建立数学、物理两系，在全国工科类院校中率先恢复理科。1958年又建立化学系。理工结合的办学特色逐渐形成。

重建理科、理工结合，使浙江大学走上一条重新振兴的道路。在提高教学质量的同时，由于理工结合，各学科之间互相渗透、协作，使学校的科研水平获得较快的提高，科研成果的数量和质量持续上升。1966年，光学仪器系研发的我国第一台250万幅/秒高速摄影机就是由光仪、物理、机械、无线电、电机等系抽调教师组成的理工结合的科研组共同研制成功的一项重大成果。工科的学生培养也得到了进一步强化。1955年毕业于电机系的臧克茂，1956年、1960年分别毕业于机械系的张同星和林俊德，后来都为我国的国防建设，尤其是核工业建设作出了突出贡献。

△ 1956年12月，浙江大学关于重建理科专业有关系科给高等教育部的报告。1957年3月，高等教育部批复同意浙江大学增设理科专业。

△ 林俊德参与了中国全部45次核试验。林俊德（左一）和地下核试验参试人员完成任务后合影（摄于1969年）。

△ 臧克茂在现代坦克火炮控制和全电战斗车辆的理论研究与工程应用领域有重大的创造性成就。图为臧克茂（中）在教学科研第一线。

△ 张同星带领大家突破工艺难关，完成试制新型核燃料任务的工作现场（摄于20世纪60年代）。

1897

1927

1949

1998

● 保卫灵隐寺

"文革"开始后不久，全国掀起了"破四旧"狂潮，杭州的国家重点文物保护单位灵隐寺也处在危急之中，并发生了一场以浙大学生为主体的保卫灵隐寺的感人故事。

1966年8月24日清晨，杭城20多名中学生红卫兵手持棍棒、绳索和铁锹，准备去砸灵隐寺之时，与浙大约10位学生不期相遇。浙大学生抱着保护人类文化遗产的决心，将灵隐寺的所有入口上锁，并手牵着手，筑成一道"人墙"，阻挡红卫兵的冲击，双方僵持不下。浙大学生又电告学校广播台求助，一支三四千人的浙大学生队伍立即像一股洪流奔向灵隐寺守护。同时，红卫兵的后续队伍两千多人也抵达灵隐寺。双方围绕是否应该砸毁灵隐寺展开激烈辩论，对峙了一整天。

浙江省、杭州市领导高度重视红卫兵砸灵隐寺这一事件，省委随即电告国务院总理值班室。周恩来总理作出了保护灵隐寺的指示。红卫兵听到周总理的指示后逐渐散去。江南著名禅院灵隐寺就这样在"文化大革命"中由于周总理的关心和浙大人的保护得以幸存。

3. 全国科学大会获得优秀成绩

　　1978年3月18—21日，第一次全国科学大会在北京召开，会议提出"向科学技术现代化进军"的号召。邓小平同志在大会开幕式上发表了重要讲话。浙江大学在这次大会上获得累累硕果，原浙江大学、杭州大学、浙江农业大学、浙江医科大学四校共计有70项成果获奖，其中原浙江大学获奖44项。

△ 浙江大学在1978年科学大会上获得的部分获奖证书。

● 原浙江大学在全国科学大会上的获奖项目

1. 数学在螺杆泵设计与制造中的应用

2. 船体数学放样回弹法

3. 正负法数控绘图

4. 样条曲线拟合与双圆弧逼近法数控绘图

5. 320（DJS—8）电子计算机ALGOL语言编译系统

6. 钱塘江河口涌潮观测及潮汐水力计算的研究

7. 月牙形内加强肋岔管及无梁岔管

8. ZP型破乳剂和超高分子量破乳剂—UH系列

9. 石煤的成因、性质、开发和利用（石煤综合利用）

10. 小型无油润滑压氧机

11. 扁平绕带式高压容器

12. 旋流塔板

13. C_5烃气——液平衡的研究

14. 高压容器的研究及应用Ø1010mm氨合成塔断裂力学安全分析

15. 双人双目大物镜型可变倍手术显微镜

16. 250万幅／秒等待式转镜高速摄影机

17. 中低频激光振动标准装置测振仪研究

18. ZZF—5310非接触式位移振幅测量仪研究

19. BZD—1型20HZ—5000HZ定标用振动台

20. 20吨液压振动台

21. 中频振动标准装置

22. 双水内冷电机的研究

23. 250 千瓦 2500 赫可控硅中频电源

24. 428 千伏安超导交流同步发电机

25. 晶体管成套线路保护装置的研制

26. 31 千伏高压直流输电

27. 全分子筛吸附硅烷法制取超纯硅的研究

28. 钠质膨润土性能评定

29. 多层绝热法及低温容器的研制

30. 使用石煤与劣质煤的沸腾炉燃烧机理

31. 汽油转子发动机

32. N—101，S—107 型液氮冷冻治疗器及临床应用

33. 气象自动填图机

34. 光电光波比长仪

35. 论脉状钨锡铍矿床储量预测

36. 2m 核爆炸模爆装置

37. 混凝土空心砌块建筑

38. 冷拔低碳钢丝预应力混凝土中小构件

39. 软土地基设计计算理论和施工处理技术

40. 大跨网架屋盖结构的计算方法

41. 在核爆炸冲击波作用下厚板动力分析及极限设计

42-44. 其他三项

1897

1927

1949

1998

4. 在改革开放时代奋勇崛起

1978年3月25日，中国科学院和浙江省革命委员会向国务院报告，同意浙江大学归属中国科学院和浙江省委双重领导，以中国科学院为主。1979年2月8日，中国科学院党组任命中国科学院副院长钱三强兼任浙江大学校长。1980年，改为教育部和浙江省委双重领导，以教育部为主。1984年，浙江大学建立研究生院，开始形成本科生教育与研究生教育并重的教育体制。同年，学校提出了"宽口径、厚基础、促交叉、重能力"的拔尖人才培养理念，创办了"混合班"，探索培养基础厚实、思路开阔、具有创新开拓能力的优秀人才。

人物链接 ／ "两弹一星"功勋钱三强

钱三强（1913—1992），浙江湖州人。中国科学院学部委员（院士）。中国原子弹之父，中国原子能事业的开拓者和奠基人之一。1999年被授予"两弹一星"功勋奖章。

1929年，钱三强考入北京大学理科预科，1932年考入清华大学物理系。1936年毕业后，进入北平研究院物理研究所工作。后赴法国巴黎大学居里实验室和法兰西学院原子核化学实验室从事原子核物理研究工作，获博士学位。新中国成

153

第三章 调整发展
（1949—1998）

1897

1927

1949

1998

立后，他领导建成中国第一个重水型原子反应堆和第一台回旋加速器，以及一批重要仪器设备，使许多关键技术得到及时解决，为我国第一颗原子弹和氢弹的研制成功作出重要贡献。

　　1978年12月，钱三强以中国科学院副院长身份兼任浙江大学校长。1979年4月23日，在全校师生欢迎大会上，他提出，希望全校师生员工旗帜鲜明地坚持四项基本原则，坚持又红又专的方向，提倡和发扬艰苦奋斗的精神，继承和发扬"求是"精神，培养和鼓励"创新"精神。2003年10月17日，国际小行星命名委员会批准，将中国科学院国家天文台于1998年10月16日发现的国际永久编号第25240号小行星命名为"钱三强星"。

△ 1979年4月，钱三强校长（中）巡查校园。

△ 钱三强"发扬'求是创新'精神"
讲话的记录整理稿。

● 双水内冷发电机研究

　　1958年，电机系郑光华等教授与萧山电机厂合作，以一套750kW空冷发电机材料制成国际上第一台并网运行的每分钟1500转的3000kW双水内冷凸极式同步发电机。接着又与上海电机厂合作，以一套6000kW空冷汽轮发电机材料，创制成功国际上第一台并网运行的每分钟3000转的12000kW双水内冷隐极式汽轮发电机，实现了电机技术的重大突破，被列为国家重要发明之一。1958年11月，时任中共中央副主席的刘少奇视察浙江大学双水内冷发电机实验室。

△ 双水内冷发电机研究获奖奖牌。

◁ 双水内冷发电机主要研制者郑光华教授（右）正与同事一起进行研究。

● 250万幅／秒高速摄影机

　　1965年11月，经国家科委批准，在浙江大学建立光学仪器中间试验基地，这是国家在高校建立的第一个光学类基地。1966年初，光仪系接受国家任务，在不到一年的时间里，克服困难，研制成功250万幅/秒高速摄影机，清晰完整地记录下了我国第一颗氢弹原理试验爆炸的全过程，为我国"两弹"的研制作出了突出贡献。

△ 250万幅/秒高速摄影机。

1897

1927

1949

1998

● 浙江大学访美代表团

为增进对国外高等教育和科学技术的了解，开辟国际交流的渠道，1979年5月，浙江大学访美代表团一行8人，在党委第一书记刘丹的带领下对美国进行为期一个月的访问。

代表团先后访问了纽约、费城、波士顿等9个城市和斯坦福大学、哥伦比亚大学、宾夕法尼亚大学、麻省理工学院等14所美国高等院校，以及匹兹堡西屋电气公司原子能研究所等3个研究所和实验室。这次访问不仅打通了浙江大学与美国中断30年的学术交流渠道，重新建立了联系，还考察了美国大学的办学方针、教育体制，购买了急需的仪器设备，为科研、教学发展创造了条件，为以后浙江大学与美国大学之间的学术和教学交流打下了良好基础。

△ 浙江大学代表团在美国时的合影（左三起：王启东、刘丹、侯虞钧、李文铸、吕维雪、周春晖、缪进鸿、何志均，摄于1979年）。

157

第三章　调整发展
（1949—1998）

1897

1927

1949

1998

　　代表团回国后，起草了考察报告，主张：发展多种类型的高等教育；着重发展四年本科生加研究生的体制；按照客观规律办新系、新专业，并调整现有系和专业；坚决打破习惯势力与传统界限，发展跨系跨学科的研究与教学；采取坚决措施，多管齐下，大力整顿和提高师资队伍；着重培养学生独立工作的能力；注意发展在职研究生教育工作；与研究院（所）互相合作培养研究生，向"所校结合"方向努力；实行民主管理；恢复和发扬党的优良作风，加强学习，大力提高干部的管理水平和工作效率。这些建议的提出，引起较大社会反响，并对浙江大学日后的发展产生了重要影响。

● 学术活动

△ 1984年10月，校党委书记黄固（右一）、校长杨士林（左一）等校领导陪同校友王淦昌院士（右四）参观实验室。

△ 无线电系教师阙端麟长期从事硅单晶研究，图为阙端麟教授（右）与同事开展研究。

1897

1927

1949

1998

△ 工业自动化国家重点实验室学科带头人周春晖教授指导学生从事科学研究。

△ 由力学系沈天耀教授等研制成功并荣获国家科技进步一等奖的"离心通风机内流理论及设计计算系统的研究与应用"项目，推广效益达10亿多元。图为沈天耀教授（右）在实验室。

△ 1987年6月，著名数学家、菲尔兹奖获得者丘成桐教授（右三）来校访问，与数学系师生举行见面会。

△　1988年10月，李政道教授（右三）与物理系教师座谈。

● 校园文化

△ 学生社团编印的文学期刊。

△ 王启东教授与学生交流网球技艺。

人物链接 / "老和山下一园丁"刘丹

刘丹（1909—1989），安徽肥东人。革命家、著名教育家。长期担任浙江大学的主要领导，为浙江大学的建设和发展呕心沥血，作出了重要贡献。1982年任浙江大学名誉校长。

刘丹青年时期就毅然投身革命，参与领导了安徽安庆地区和安徽大学的爱国学生运动。两次被捕入狱，虽遭受酷刑，仍坚贞不屈。参与抗日战争和解放战争，转战大江南北。新中国成立后，受党组织派遣来浙江工作，历任浙江省人民政府秘书长，文教厅厅长，浙江师范学院院长、党委书记。1952年11月，担任浙江大学党委书记、第一副校长。"文革"期间遭受迫害仍坚持真理，并保护了大批知识分子。先生以"老和山下一园丁"自居，对建设社会主义新浙江大学付出了巨大努力。他提出加强浙江大学、杭州大学、浙江农业大学、浙江医科大学校际合作的建议，得到省委批准，并担任四校协作委员会主任，为后来同根同源的四校合并奠定基础。

△ 刘丹书法作品。

△ 印章：老和山下一园丁。

人物链接 / 流体传动与控制专家路甬祥

路甬祥（1942— ），浙江宁波人。中国科学院、中国工程院院士。曾任全国人大常委会副委员长、中国科学院院长。

1964年，路甬祥于浙江大学机械系毕业后留校任教。1981年获联邦德国亚琛工业大学工程科学博士学位，这是中国改革开放后联邦德国授予中华人民共和国公民的第一个工程科学博士学位。

学成归国后，路甬祥在高速断路器执行机械、液压比例元件开发、电机械转换器件、传感与反馈、辨识与故障诊断、CAD/CAT等许多技术领域做了开拓性的努力，研发出多种具有国际先进水平的电液比例控制技术产品，促使我国国产机械电液控制技术上了一个新台阶。

1988年路甬祥出任浙江大学校长。担任浙大校长后，路甬祥领导全校师生在教学、科研、人事、管理、后勤、校产等方面进行了综合改革，建立并完善了学校主动适应社会主义市场经济的新的运行机制，使学校综合办学实力和办学水平取得了令人瞩目的成绩，使浙江大学顺利通过了国家教委组织的"211工程"部门专家预审，为以后浙江大学的发展打下了坚实的基础。

△ 路甬祥教授在做科学实验。

1897

1927

1949

1998

● 建立研究生院

1984年12月，浙江大学建立研究生院，开始形成本科生教育与研究生教育并重的教育体制。

浙江大学研究生培养专门机构可以追溯到1942年成立的国立浙江大学研究院。从1950年至1965年学校坚持培养研究生。1966年"文革"开始后，研究生培养工作中断。1978年根据教育部《关于高等学校招收研究生的意见》，浙江大学恢复招收研究生。

◁ 浙江大学研究生院成立大会场景（摄于1984年12月）。

△ 浙江大学培养的首位博士学位获得者龚晓南进行学位论文答辩（摄于1984年）。

△ 杨士林教授在指导研究生。

● 混合班

1984年，经过认真研究发达国家高等教育改革经验，结合国内自身的办学基础和未来学科发展趋势，学校领导认为，浙大应当为培养引领未来的科技人才承担责任，把因材施教与浙大理工科实力雄厚、易于理工交叉和复合学科结合起来，提出了"工科人才、理科培养、理工渗透；因材施教、优势积累"的混合班创班指导思想。7月，学校决定从工科各专业新生中挑选90名优秀学生编成三个混合班，集中一年到一年半时间进行特殊培养。具体培养要求是：教学起点高，偏于理科；讲授方法和训练上要求严，自学时间增加。具体管理由物理系负责，同时成立由教学科、教育研究室、物理系等部门人员参与的工作小组，加强领导。当年秋天，学校首创了集合全校5%特别优秀的工科学生组成混合班，探索培养基础厚实、思路开阔、具有创新开拓能力的优秀人才。

2000年，学校又在混合班基础上成立竺可桢学院。

△ 1984年秋，浙江大学在全国同类高校中率先创办了"混合班"。

△ 参加混合班多学科讨论小组学术交流会的同学合影（摄于20世纪80年代）。

● 综合改革

1989年初，国家教委正式批准浙江大学和清华大学两所高校率先作为全国高校综合改革的试点院校。浙江大学综合改革的总体目标是：把浙江大学建设成为具有中国特色和自身特点的，以工为主、理工结合、人文经管协调发展、教育质量和科研水平稳定全面地居于国内同类大学前列，能适应社会主义商品经济与社会发展、世界新技术革命挑战和21世纪经济振兴的、在国际上有影响的综合性理工科大学。时任校长路甬祥主持推进浙江大学综合改革，明确将学校由教学型大学转变为教学研究型大学，由本科生教学为主转变为本科生和研究生教学并重，激励了教师干部的积极性、创造性，学校业绩快速提升。

△ 校长路甬祥（左）、党委书记梁树德在开会研究工作。

5. 首批进入"211 工程"

"211工程"是我国为提升大学办学质量、增强国家创新能力的一项重大战略。1994年11月，浙江大学通过"211工程"预审。国家教委专家组一致认为"浙江大学是一所基础坚实，实力雄厚，充满生机和活力，居于国内一流，在国际上有较大影响的社会主义大学"。1995年12月，浙江大学获国家正式批准，首批列入"211工程"建设计划。

△ 浙江大学"211工程"部门预审会（摄于1996年）。

△ 浙江大学通过了"211工程"部门预审。

1897

1927

1949

1998

1897

1927

1949

1998

（四）杭州大学的成立与发展

保俶山下，西溪河畔，坐落着一座端庄、典雅的美丽校园，这里就是原杭州大学办学所在地，现为浙江大学西溪校区。作为一所文理为主，经、管、工科兼备的高等学府，杭州大学历经四十多年岁月洗礼，到1998年四校合并组建新浙大之前，已经稳居国内省属综合性大学的前列，成为同类高校中的翘楚。

1952年全国高校院系调整，浙江大学文学院、理学院的一部分，之江大学文理学院，以及浙江师范专科学校、俄文专科学校合并，成立浙江师范学院。1958年上半年，中共浙江省委决定筹办综合性的杭州大学，暂设中文等7个系，学制4年。同年12月，浙江省委正式公布了关于杭州大学、浙江师范学院两校合并后定名为"杭州大学"的决定。1978年被浙江省委确定为全省唯一的重点高校，学校进入快速发展时期，逐步形成了文理为主、多学科交叉的学科格局和办学特色，为国家建设培养了一大批优秀的专业人才和管理人才。

1996年，杭州大学通过"211工程"部门预审，已成为一所文、理、商、法、工、管学科齐全、体系完整，在全国地方综合性大学中属于前列的省属重点大学。四校合并前，杭州大学设有13个学院29个系，建有博士后流动站1个，博士点30个，硕士点61个。学校共有教职员工2700余人，其中教授210余人；有全日制学生1万余人，其中研究生800余人。

历任党委书记一览

校名	姓名	任期
浙江师范学院	刘　丹	1952年2月—1952年12月
	焦梦晓	1952年12月—1958年6月
	陈烙痕	1958年6月—1958年11月
杭州大学	陈烙痕	1959年7月—1961年12月
	周　林（党委第一书记）	1961年12月—1962年5月
	陈烙痕（党委第二书记）	1961年12月—1968年3月
	吕志先	1962年5月—1963年7月
	吕志先	1964年4月—1965年1月
	杨海波	1972年4月—1977年9月
	刘活源	1977年9月—1980年8月
	黄逸宾	1980年8月—1983年9月
	夏越炯	1983年9月—1986年1月
	薛艳庄	1986年1月—1992年5月
	郑造桓	1992年5月—1998年9月

1897

1927

1949

1998

1897

1927

1949

1998

历任校长（院长）一览

校名	姓名	任期
浙江师范学院	刘　丹（兼）	1952年2月—1952年12月
	俞仲武（兼）	1952年12月—1957年5月
	陈　立	1957年5月—1958年11月
杭州大学	林乎加（兼）	1959年5月—1962年5月
	吕志先（兼）	1962年5月—1964年4月
	王家扬（兼）	1978年7月—1979年3月
	陈　立	1979年3月—1983年9月
	薛艳庄	1983年9月—1986年1月
	沈善洪	1986年1月—1996年6月
	郑小明	1996年6月—1998年9月

1897

1927

1949

1998

△ 20世纪80年代天目山路上的杭州大学校门，现该校园为浙江大学西溪校区。

△ 杭州大学行政楼（现西溪校区图书馆）。

1. 文理为主、多学科交叉发展，引领国内同类高校

　　杭州大学坚持以专业为基础，紧紧把握提高水平和服务地方两个方向，不断加强学科建设，逐步发展成为学科比较完整的综合性大学。改革开放后，根据社会发展需要，从原有学科中衍生了一批新的应用学科，包括城乡区域规划、金融、保险、资源环境科学、经济地理等，其中旅游经济学成为我国第一个该专业的硕士授予点。学校逐步形成文理为主、多学科交叉协调发展的办学格局。

　　在1985—1995年的十年间，学校承担国家级科研项目数居地方高校之首，全国高校第13位，科研经费居国内同类大学前列，其综合实力居地方综合性院校之首。

图说浙大：浙江大学校史简本

1897

1927

1949

1998

人物链接 / 心理学家陈立

陈立（1902—2004），字卓如，湖南平江人。心理学家、教育家。1928年获上海沪江大学理学学士学位。1933年获英国伦敦大学理科心理学博士学位。曾任清华大学和中央研究院心理研究所合聘的工业心理研究员。1939年起先后在浙江大学、浙江师范学院、杭州大学任教。1957—1958年任浙江师范学院院长，1979—1983年任杭州大学校长。

陈立是中国科学工作者协会的发起人之一，中国最早从事工业心理学研究的学者，他创办了我国第一个工业心理学国家重点学科，在工业心理学、儿童发展心理学、教育心理学等领域都取得显著的成就，对我国心理学事业的发展作出了卓著的贡献。1997年、1998年中国心理学会和中国人类工效学会分别授予陈立中国心理学会第一届"终身成就奖"和中国人类工效学会第一届"终身成就奖"。

主要著作有：《工业心理学概观》（我国第一部工业心理学专著，1935年）、《陈立心理科学论著选》、《管理心理学》（主编）等。

△ 陈立在实验室。

◁ 国务院总理周恩来任命陈立为浙江师范学院院长。

171

第三章　调整发展
（1949—1998）

1897

1927

1949

1998

人物链接 / "一代词宗"夏承焘

夏承焘（1900—1986），字瞿禅，晚号瞿髯，浙江温州人。著名词学家、诗词作家、教育家。1930年起，夏承焘先生先后在之江大学、国立浙江大学、浙江师范学院、杭州大学任教。

夏承焘一生执教，始终"以得天下英才而教育之"为乐事，曾写《教书乐》一文，云教学有治学、交友、制行三乐，称："一切东西给了他人，自己就少了，或全没有了，只有把学问教给人，不但他有得而我无失。"在教学方面，善于奖掖人才，扶植后进，充分发挥学生的才性，其门下卓然有成者有词学家吴熊和，翻译家朱生豪，语言文字学家任铭善、蒋礼鸿，园林建筑学家陈从周，戏曲小说学家徐朔方，散文名家琦君等。

毕生致力于词学研究和教学，一生致力于词人年谱、词籍校勘、声律考订以及词家评论，著有《唐宋词人年谱》《唐宋词论丛》《姜白石编年笺校》等多种重要专著，是现代词学的奠基人和开拓者，被誉为"一代词宗"。

△ 夏承焘所著《天风阁诗集》及手稿。

1897

1927

1949

1998

人物链接 / 国学大师姜亮夫

　　姜亮夫（1902—1995），原名寅清，字亮夫。云南昭通人。楚辞学家、敦煌学家、语言音韵学家、历史文献学家。1934年赴法国留学三年，研究考古学。1937年回国，到东北大学、西北大学、云南大学、西南联大、昆明师范学院等校执教。1953年起，历任浙江师范学院、杭州大学中文系教授、系主任等职。

　　留学法国期间，姜亮夫在巴黎的博物馆、图书馆里看到了我国早年流散到法国的敦煌文物和经卷，痛心疾首，放弃了攻读博士学位的机会，转而在巴黎的博物馆、图书馆抄录、拍摄我国早年流散到法国的敦煌文物和经卷等中国文物、照片达3000多张。为了抄录、拍照、描摹大量的青铜器皿、石刻碑传、敦煌经卷等中国文物，他的眼睛受到了严重的损害，视力下降了600度。由于长年伏案工作，他晚年几乎双目失明。

　　他著有《瀛涯敦煌韵辑》《敦煌——伟大的文化宝藏》《陈本礼楚辞精义留真》《屈原赋校注》《陆平原年谱》《楚辞书目五种》《楚辞今绎讲录》《楚辞通故》《莫高窟年表》《敦煌学概论》《屈原赋今绎》等。

△ 姜亮夫题词：修辞立诚天下文明。

173

第三章　调整发展
（1949—1998）

1897

1927

1949

1998

人物链接　/　教育学家王承绪

　　王承绪（1912—2013），江苏江阴人。教育学家，我国比较教育学领域泰斗。伦敦大学教育学院荣誉院士。1936年毕业于浙江大学教育系。曾留学英国。抗战结束后回到母校浙大任教。历任浙江大学教授、教育系主任，浙江师范学院教授、副教务长，杭州大学教授、外国教育研究室和高等教育研究室主任，中国高等教育学会理事，联合国教科文组织亚太地区教育合作顾问委员会委员等职务。

　　王承绪精通英语、法语、德语、俄语等多国语言，长期坚持在教育战线，数十年如一日为人民教育事业无私奉献、辛勤耕耘，为我国培养了大批教育界英才。曾参加联合国教科文组织成立大会，参与撰写联合国教科文组织的文献——《基本教育》。主持建立的联合国教科文组织浙江大学APEID中心（亚太地区教育创新为发展服务计划浙大联络中心）是联合国教科文组织在我国最早建立的联系中心之一，为推动亚太地区的教育革新作出了重要的贡献。

△ 2003年，王承绪获联合国教科文组织首度设立的"亚太地区教育革新终身成就奖"，他是全球首位获此殊荣的教育专家。

△ 数学系陈建功教授以辅导学生报告会的形式培养学生和青年教师。

△ 蒋礼鸿教授的《敦煌变文字义通释》获全国高等学校人文社会科学研究优秀成果奖。图为蒋礼鸿为语言教研室同事授课。

滤波器设计过程中的一个高精度算法

红外线轴温探测器—TLC型电子热轴判别机

09工程配套压缩机

超大型等离子体显示系统

荧光数码管

小麦化学杀雄的研究

石蕊

间（对）二甲苯氨氧化催化剂

△ 1978年3月的全国科学大会上，杭州大学8个项目获奖。图为杭州大学在全国科学大会上的获奖项目。

2. 扩大对外学术交流与合作

　　学校聘请了国际著名数学家陈省身、丘成桐，物理学家钱致榕，美国著名比较教育学家坎特蒙德·金，法国历史学家维拉尔，韩国教育学家金俊烨，日本文化史专家石田一良、梅原猛，英籍华裔女作家韩素音，我国香港著名小说家查良镛（金庸）等一批著名学者担任学校名誉教授。到四校合并前，共有100多位中外著名专家、学者应聘为杭州大学名誉教授、兼职教授或客座教授。

　　1981年后，杭州大学先后与美国等12个国家和地区的52所高校和科研机构签订了合作交流协议，建立了长期的学术交流关系。

△ 美国科学院院士、加州大学伯克利分校数学教授陈省身受聘为杭大名誉教授，并与校领导薛艳庄、沈善洪等合影。

1897

1927

1949

1998

△ 历史系主办的中国宋史国际学术讨论会（摄于1985年5月）。

△ 中国传统文化与中外文化关系国际学术研讨会
（摄于1992年1月）。

△ 杭州大学从1965年开始招收国外留学生。1986年经国家教委批
准为对外开放学校，接受国外学生来校学习、进修或攻读学位。图
为杭大学生与外国留学生在云栖竹径野餐。

△ 丰富多彩的校园文化活动。

1897

1927

1949

1998

3. 进入"211工程"

　　1996年，杭州大学通过"211工程"部门预评审，正式成为国家面向21世纪重点建设的100所高校之一。四校合并之际，杭州大学已成为一所文、理、商、法、工、管、教育等学科齐全、基础较为雄厚、实力较强、总体水平较高、办学效益显著，与社会经济发展联系密切，并在国际上有一定影响的综合性大学。

△ 杭州大学通过了"211工程"部门预审。

1897

1927

1949

1998

（五）浙江农业大学的成立与发展

在杭州市城东庆春门外，有一个被誉为"小西湖"的华家池，至今已有六百多年历史。1934年，浙江大学农学院从笕桥迁入华家池校园，在华家池畔建立新校舍。华家池校园景色秀丽，文化底蕴深厚，是我国最美的校园之一，素有"北有未名湖，南有华家池"之称。现为浙江大学华家池校区。

1952年全国高校院系调整，浙江大学农学院独立建校，成为浙江农学院。1960年2月，中共浙江省委正式发文，将浙江农学院扩建为浙江农业大学。改革开放后，学校以学科建设为龙头，加快系科专业调整，积极推进科学研究，坚持教学与科研相结合，注重农业科技的推广运用，逐步形成以农为主、多学科协调发展的办学格局，为国家建设培养了一大批高级农业专门人才。

1996年12月，学校通过"211工程"部门预审，已发展成为一所以农业为主，农、工、经、理、文、管多科协调发展，在全国高等农业院校中居于前列的省属重点大学。四校合并前，浙江农业大学设有15个系，建有18个博士点，1个博士后流动站；有教职员工1700余名，其中教授117人，中国科学院院士1人；在校全日制学生4000余名，其中研究生500余名。

△ 1956年，浙江农学院举办第一次学生科学报告会。

历任党委书记一览

校名	姓名	任期
浙江农学院	金孟加	1952年12月—1958年6月
	赵锦章	1958年6月—1960年3月
浙江农业大学	曾少东	1960年3月—1966年6月
	洪天诚	1966年6月—1967年11月
	李铁锋	1978年7月—1982年8月
	姚　力	1982年8月—1983年9月
	孔祥有	1983年9月—1991年6月
	马寿根	1991年6月—1996年6月
	童芍素	1996年6月—1998年9月

1897

1927

1949

1998

历任校长（院长）一览

校名	姓名	任期
浙江农学院	吴植椽（兼）	1952年12月—1957年5月
	金孟加	1957年5月—1960年3月
浙江农业大学	李丰平（兼）	1960年3月—1961年9月
	丁振麟	1961年9月—1965年11月
	陈作霖（兼）	1978年7月—1979年3月
	丁振麟	1979年3月—1979年6月
	朱祖祥	1980年3月—1983年9月
	陈子元	1983年9月—1989年9月
	李德葆（兼）	1989年9月—1993年3月
	夏英武	1993年3月—1997年11月
	程家安	1997年11月—1998年9月

△ 浙江农业大学校门，现该校园为浙江大学华家池校区。

△ 1987年建设的奔腾广场，由陈云同志题词"奔腾"。
两匹巨型花岗岩奔马象征学校科研、教育齐腾飞。

1. 以农为主、多科协调发展的办学格局

　　学校秉承"求是""勤朴"的优良传统，加强和改进教学工作，注重实践性教学环节，努力营造"务本、拓新、奉献、求真"的学风和校风，培养德育、智育、体育全面发展的适应社会主义建设实际需要的各类高级农业专门人才。1960年以来，根据国民经济和科技发展的需要，在原有农学、园艺、植物保护、土壤农化、茶学、蚕学和动物科技等农科院系的基础上，先后成立了农业工程、环境保护、食品科技、生物科学、经济贸易、土地管理和社会文化等院系，学校基本形成了以农为主、多科协调发展的新格局。

1897

1927

1949

1998

人物链接 / 近代园艺学奠基人吴耕民

　　吴耕民（1896—1991），原名润苍，浙江慈溪人。园艺学家，园艺教育家，中国近代园艺事业的奠基人之一。1917年毕业于北京农业专门学校，同年赴日本留学。曾任山东大学农学院、广西大学农学院教授。1927春，参加筹备第三中山大学农学院，成立园艺系，任教授兼系主任。1952年起，任浙江农学院、浙江农业大学教授。

　　早年考入北京农业专门学校后，改名耕民，立志农学。长期从事果树、蔬菜、花卉的栽培和育种研究。早年从日本引进的甜柿和早生水蜜桃已传布我国各地，选育的"浙大长萝卜"优良品种，已推广到全国各地及朝鲜。著有《中国蔬菜栽培学》《果树修剪学》《果树园艺通论》《木本食用油料作物栽培》《中国温带果树分类学》等。

△ 1954年浙江农学院菜园前栽种的吴耕民选育的"浙大长萝卜"。

人物链接　/　植物病理学家陈鸿逵

　　陈鸿逵（1900—2008），广东新会人。植物病理学家，农业教育家。1926年毕业于南京金陵大学生物系，1934年获美国艾奥瓦农工学院哲学博士学位。1935年1月回国，至浙江大学农学院任教。 1952年起，任浙江农学院、浙江农业大学教授。

　　陈鸿逵长期致力于植物病理的教学和科研工作，在高粱、洋麻炭疽病害，黄麻立枯病害，油菜、水稻病毒病害以及镰刀菌研究上取得卓有成效的成果。他非常重视教学与实验的结合，曾在经费不足的情况下，动手自制恒温箱，顺利解决了研究和实验的急需。他坚持理论联系实际，常常从农民生产过程中急需解决的实际问题入手开展研究，深入田间地头采集资料。曾参与筹建了中国港口第一个植病检疫实验室，是我国植物病害检疫工作的奠基人之一。

△ 陈鸿逵（右）与学生李德葆。

1897

1927

1949

◁ 重点学科农业经济与管理
师生在研讨。

1998

粮食自然缺氧保管的研究

放射性同位素标记农药的合成研究

6CR—55型天目牌茶叶揉捻机

水稻新品种"先锋1号"

水稻两段育秧

农药残留的研究

工业"废水"污染的防治和综合利用研究

家畜电针麻醉

△ 1978年3月的全国科学大会上，浙江农业大学共有8个项目获奖。图为获奖项目一览。

2. 重视国际科学教育交流与协作

　　浙江农业大学是新中国成立后最早招收外国留学生的大学之一。1954—1966年间，先后接收了来自苏联、波兰、罗马尼亚、阿尔巴尼亚和越南等国家的留学生29名。1979年以后进一步扩招，至1990年共招收来自苏联、日本、德国等36个国家的留学生136名。学校还积极参与国际学术交流和合作。1986和1987年，先后两次受联合国粮农组织（FAO）委托，分别主持召开亚太地区植物辐射诱变育种训练班和亚太地区综合农作制度培训班。

△ 金孟加院长（左三）、萧辅副院长（左四）与越南留学生合影。

人物链接 / 土壤化学专家朱祖祥

朱祖祥（1916—1996），浙江宁波人。中国科学院学部委员（院士），著名土壤学家，我国农业科技与教育领域一代大师、土壤化学奠基人。

朱祖祥早年求学于浙江大学，毕业后留校工作。期间曾赴美留学，获美国密执安州立大学博士学位。1939年，参与组建浙江大学农业化学系，1948年学成回国，被聘任为农业化学系教授、系主任。1980年任浙江农业大学校长。

1952年我国高校院系调整后，他致力于浙江农业大学土壤农业化学系和环保系的建立与发展，创建了全国最具影响力的土壤与植物营养和环境工程学科。20世纪70至80年代，在全国最早建立"农业环境保护学博士点"，在土壤化学、植物营养生理学等领域做了大量基础研究。曾撰写新中国成立以来第一本土壤学新教材。

从20世纪80年代开始，多次建言恢复建立文理交融的综合性大学，是1998年四校合并成立新浙大的主要倡导者之一。"为人师表求真善求美贵在奉献，教书育人是德是智是体严于律己"，这是朱祖祥提出来的28字教育理念，也是他数十年为人师表的真实写照。

△ 朱祖祥向外国留学生授予学位。

△ 朱祖祥(中)率中国土壤学会代表团赴印度新德里出席研讨会。

第三章　调整发展
（1949—1998）

1897

1927

1949

1998

◁ 1958年，陈子元教授主持创建中国高等农业院校中第一个放射性同位素实验室，是中国核农学开拓者之一。陈子元院士（左）团队把核技术应用于农业，先后获得四项国家级奖。

◁ 夏英武教授（中）与余杭农科所协作选育的早稻良种"浙辐802"，全国累计推广面积达1.7亿亩，1987年获国家科技进步三等奖。1986—1995年种植面积连续十年居全国常规水稻品种首位。

◁ 程家安教授的研究项目"水稻三化螟预测预报与防治对策研究"1996年获国家科技进步三等奖。图为程家安教授在查阅资料。

△ 1956年，苏联青年代表团来访浙江农学院，参观新建大温室。

△ 1986年9月15日—10月26日，浙江农业大学受联合国粮农组织（FAO）和国际原子能机构（IAEA）委托承办亚太地区植物诱变育种培训班，这是IAEA在我国举办的第一个核农学培训班。

3. 进入"211 工程"

1996年12月，浙江农业大学通过"211工程"部门预审。国家教委专家评审组一致认为浙江农业大学"已发展成为规模较大，学科门类较多，师资力量较强，教育质量和办学效益较高，在全国高等农业院校中居于前列的农业大学"。

△ 1996年12月，浙江农业大学通过"211工程"部门预审。

1897

1927

（六）浙江医科大学的成立与发展

1949

1952年全国高校院系调整，浙江大学医学院与浙江省立医学院合并成立浙江医学院，校部设在原浙江省立医学院院址法院路（现庆春路与延安路交叉处西北面）。1960年4月，更名为浙江医科大学，学校规模和专业设置有了很大的发展。1984年，学校创办国内紧缺的新专业，以适应社会对高级医学专门人才培养的需求。1987年以来，为优化教育资源配置，提高办学水平，学校积极与浙江大学开展联合办学，与中国医学科学院合作建立中国医学科学院浙江分院，同时试办7年制高等医学教育，努力提高人才培养的质量，加快建设多科性医科大学，为国家建设培养了一大批高级医学人才。

1998

1997年，浙江医科大学通过浙江省重点建设项目可行性论证，已发展成为一所以医为主，医、药、理、工、卫协调发展的省属重点大学。四校合并前，浙江医科大学设有8个系，拥有附属第一医院、第二医院、妇产科医院、儿童医院、邵逸夫医院5所附属医院，建有博士点10个，硕士点38个，有教职员工6000余名，其中有教授、主任医师260名；在校全日制学生3400余名，其中研究生近400名。

历任党委书记一览

校名	姓名	任期
浙江医学院	周 林	1952年7月—1956年11月
	林 尧	1957年4月—1958年2月
	霍亚夫	1958年2月—1960年8月
浙江医科大学	霍亚夫	1960年8月—1969年4月
	余从善	1977年11月—1984年1月
	金 干	1984年1月—1991年2月
	吕世亭	1991年2月—1996年10月
	黄书孟	1996年10月—1998年9月

历任校长（院长）一览

校名	姓名	任期
浙江医学院	洪式闾（兼）	1951年10月—1955年4月
	王仲侨	1956年2月—1958年9月
浙江医科大学	郑 平（兼）	1960年8月—1964年3月
	李蓝炎（兼）	1964年3月—1968年11月
	王耀亭（兼)	1978年7月—1979年3月
	王季午	1979年3月—1984年1月
	郑 树	1984年1月—1996年10月
	陈昭典	1996年10月—1998年9月

图说浙大：浙江大学校史简本

△ 浙江省立医学院源于1912年创建的浙江医学专门学校。1913年，改称"浙江公立医药专门学校"。1927年，称"浙江省立医药专门学校"。1931年，又改称"浙江省立医药专科学校"。1947年升格为浙江省立医学院。图为浙江医学院大门（20世纪50年代）。

△ 20世纪80年代的浙江医科大学校门。

△ 20世纪80年代浙江医科大学及附属医院位置示意图。

△ 湖滨校区3号楼。

1. 建设多科性医科大学

　　1960年浙江医科大学成立后，学校规模和专业得到很大发展，内设有医疗系、药学系、卫生系、中医学院等4个院系和工业卫生、外文、生物、化学、物理、口腔、儿科等7个专业以及38个教研组，成为一个多学科的医科大学。根据社会对口腔医学和药学人才的迫切需要，学校又陆续新开设或重建口腔系、药学系、医学系、生物医学工程系、医学营养系、预防医学系、护理系。

　　1987年，浙江医科大学和中国医学科学院决定以浙江医科大学的12个研究所为实体，成立中国医学科学院浙江分院，承担科研和教学任务。

△ 1987年12月，中国医学科学院浙江分院成立大会会场。

人物链接 / 传染病学家王季午

王季午（1908—2005），江苏苏州人。医学教育家，内科学专家。1945年抗战胜利后受竺可桢校长之邀，被聘为浙江大学医学院第一任院长兼附属医院院长。1952 年院系调整后，任浙江医学院、浙江医科大学教授，历任副院长、副校长、校长、名誉校长。

王季午教授长期从事传染病学研究，曾于1952年深入农村开展流行病学调查，首次证实钩端螺旋体在浙江省的流行，并从钩端螺旋体病患者尸体的内脏、脑脊髓液、血液、尿液中分离出病原体。这一发现，推动了全国对该病防治的研究，获1978年全国科技大会奖。主编了近百万字的《传染病学》，为传染病防治和高级医药卫生人才培养，提供了符合我国国情的高级专业参考书。

△ 国务院总理周恩来任命王季午为浙江医学院副院长。

195

第三章　调整发展
（1949—1998）

1897

1927

1949

1998

△ 郑树的"我国大肠癌防治的基础和应用研究"获
得1993年度国家科学技术进步三等奖，"我国大肠
癌高危人群防治的系列研究"获得2005年度国家科
学技术进步二等奖。图为郑树（左）在肿瘤研究所
开展研究工作。

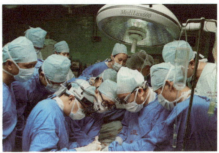

△ 郑树森进行胰十二指肠及肾一期联合移植。

△ 俞寿民指导学生观察标本。

△ 1985年起，学校接受联合国人口基金（UNEPA）的援助，
开展 "围产保健"等人口项目研究。图为 1992年，联合国人
口基金研究项目评估团来校检查项目建设情况时，副校长陈昭
典（前排左一）与评估团专家合影。

图说浙大：浙江大学校史简本

2. 通过省级重点学科建设项目论证

1997年5月，浙江医科大学通过省政府重点学科建设项目可行性论证，确定传染病学等7个学科为省重点学科。省政府决定5年内投入6000万元人民币（学校自筹6000万元，共计1.2亿元），用于浙江医科大学重点学科项目的建设。

△ 1997年5月，浙江医科大学重点学科建设项目规划审定会闭幕式。

研制成高频电磁场卫生学测定仪

微波辐射卫生标准

精制抗蝮蛇、五步蛇、银环蛇毒血清

自动X线静电提影

异常血红蛋白的研究

三类杉属植物中抗癌有效成分的药理、药化实验和临床研究

抗日本血吸虫病新药锑—273的研究

钩端螺旋体病在我国流行的证实

眼宁注射液

断足移位再植一例

△ 在1978年3月的全国科学大会上，浙江医科大学共有10项科研成果获奖。

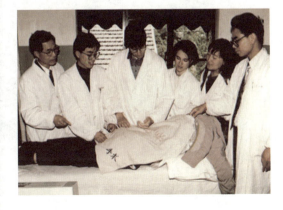

◁ 外国留学生学习中国传统医学。

1897

1927

1949

1998

3. 附属医院的成立与发展

● 附属第一医院

　　浙江医学院成立后，改原浙江大学医学院附属医院为浙江医学院附属第一医院，作为内科重点教学医院。1960年更名为浙江医科大学附属第一医院。

△ 附属第一医院院门（摄于20世纪70年代）。

● 附属第二医院

　　浙江医学院成立后，改原浙江省立医学院的外科重点教学医院——广济医院为浙江医学院附属第二医院，1960年更名为浙江医科大学附属第二医院。

△ 附属第二医院病房大楼（摄于20世纪80年代）。

● 附属儿童医院和附属妇产科医院

　　1960年，浙江医学院升格为浙江医科大学后，将浙江省儿童保健院和浙江省妇女保健院分别改为浙江医科大学附属儿童保健院和附属妇女保健院。两院前身为浙江省立医学院附属医院的小儿科和妇产科。1951年，以浙江省立医学院附属医院的小儿科和妇产科为基础，将省立杭州医学院的小儿科和妇产科并入，成立浙江省立妇幼保健院。1954年妇产科和儿科分开建制，成立了浙江省儿童保健院和浙江省妇女保健院。1985年，又分别改称为浙江医科大学附属儿童医院和附属妇产科医院。

△ 附属儿童保健院（摄于20世纪60年代）。　　△ 附属妇产科医院（摄于20世纪90年代）。

● 附属邵逸夫医院

1989年，香港著名慈善家邵逸夫捐资7000万港币，浙江省人民政府配套建设、美国罗玛琳达大学协助，在杭州建造邵逸夫医院，作为浙江医科大学附属医院。1994年5月2日，附属邵逸夫医院正式开业运行。

△ 附属邵逸夫医院外景。

● 附属口腔门诊部

1982年，以浙江医科大学校内13宿舍一楼临街3间平房为起步（原地址为杭州市延安路411号），浙江医科大学附属口腔门诊部正式挂牌开诊。

△ 1992年，国家教委高教司领导视察口腔门诊部。

1998

第四章

迈向一流

1998—

第四章　迈向一流

历史概述

　　1998年，同根同源的四校合并，组建新浙江大学。并校之前，同处一城的四所大学，在努力培养人才为国家建设服务并形成自己特色的同时，由于历史的根脉和现实的需要，四校之间的密切交往从未间断，这种状态延续了近半个世纪。新浙江大学的成立，是党中央、国务院进一步实施科教兴国战略，迎接21世纪科学技术革命挑战，组建若干所规模大、层次高、学科门类齐全的综合性大学的重大战略举措之一，也是浙江大学迎来改革发展的一次新机遇。新浙大紧紧围绕创建世界一流大学的目标，抓住机遇，改革创新，艰苦奋斗，向着把浙江大学建设成为具有显著办学特色和世界先进水平的综合型、研究型、创新型的一流大学奋勇前进，实现了跨越式发展。

（一）新浙江大学成立

1998年9月15日，根据党中央、国务院的决定，同根同源的浙江大学、杭州大学、浙江农业大学、浙江医科大学合并组建新浙江大学。新成立的浙江大学，是当时我国学科门类最齐全、办学规模最大的一所高水平、高层次的综合性大学，直属教育部领导，教育部和浙江省共建共管。为顺利推进四校实质性融合并加快科教事业发展，学校在合并初期通过学科重组和整合，初步建立了"校—院"两级管理体制；深入推进人事和分配制度改革，制订了以绩效为导向的人事考核和岗位聘任办法，增强了教职工的岗位意识和竞争意识。后勤社会化改革迈出了重要步伐，后勤管理服务水平不断提高。

△《关于浙江大学、杭州大学、浙江农业大学、浙江医科大学合并组建新的浙江大学的决定》教发〔1998〕4号文件

▽ 1998年9月15日，新浙江大学成立大会召开。中共中央政治局常委、国务院副总理李岚清参加成立大会并发表重要讲话。

1897

1927

1949

1998

全面实施科教兴国战略

建按二十一世纪科技革命和知识经济时代的挑战

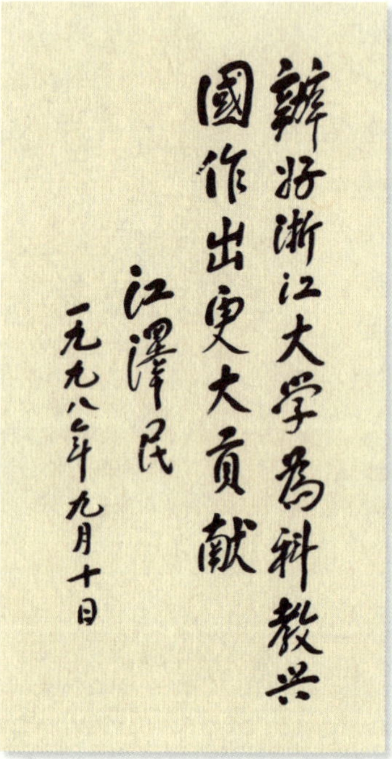

发扬优良校风
培养建国人才
李鹏
一九九八年
八月六日

办好浙江大学为科教兴
国作出更大贡献
江泽民
一九九八年九月十日

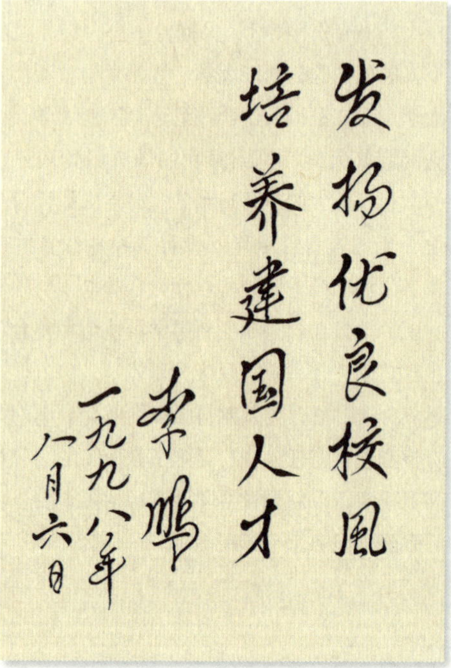

△ 1998年，中共中央总书记江泽民、全国人大常委会委员长李鹏为新成立的浙江大学题词。

第四章 迈向一流

（1998— ）

▷ 1998年6月，教育部党组和浙江省委联合召开新浙江大学领导班子组建考察工作动员会。

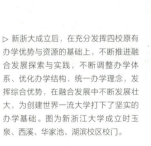

▷ 新浙大成立后，在充分发挥四校原有办学优势与资源的基础上，不断推进融合发展探索与实践，不断调整办学体系、优化办学结构、统一办学理念，发挥综合优势，在融合发展中不断发展壮大，为创建世界一流大学打下了坚实的办学基础。图为新浙江大学成立时玉泉、西溪、华家池、湖滨校区校门。

图说浙大：浙江大学校史简本

● 一九九八年以来浙江大学历任党委书记和历任校长

党委书记：

张浚生	张　曦	金德水	邹晓东	任少波
1998年9月 — 2004年7月	2004年7月 — 2011年1月	2011年1月 — 2017年6月	2017年6月 — 2019年3月	2019年3月—

校长：

潘云鹤	杨　卫	林建华	吴朝晖	杜江峰	马琰铭
1998年9月 — 2006年7月	2006年7月 — 2013年2月	2013年6月 — 2015年2月	2015年3月 — 2022年12月	2022年12月 — 2025年02月	2025年3月—

207

第四章　迈向一流
（1998—　）

1897

1927

1949

1998

人物链接　/　新浙江大学首任党委书记张浚生

张浚生（1936—2018），福建长汀人。1998年任原浙江大学、杭州大学、浙江农业大学、浙江医科大学四校合并领导小组副组长，新浙大筹建小组组长，新浙大首任党委书记。曾任浙江大学发展委员会主席。

张浚生1954年考入浙江大学机械工程学系。毕业后留校任教，曾任浙江大学党委副书记。1982年，调任中共杭州市委副书记。1985年，担任新华社香港分社宣传部副部长、部长、分社副社长兼新闻发言人等职务，为香港回归祖国做出了重要贡献。

1998年4月，张浚生回到杭州，以强烈的责任感和对母校难以割舍的情结，承担四校合并领导小组副组长兼筹建小组组长的重任。

1998年9月15日，新浙江大学成立后，张浚生出任党委书记。他坚决贯彻执行党中央、国务院关于四校合并组建新浙大的重大战略决策，提出创建"综合型、研究型、创新型"世界一流大学的奋斗目标和办学思路，深入教学科研第一线，团结带领师生员工锐意进取、开拓创新，加快学科重组和院系调整，重视人才引进和国际交流工作，深化学校教学科研和管理体制改革，拓展办学空间，建设紫金港校区，以改革促进学校的整合和发展，使浙江大学成为全国高校"改革的先锋，发展的典范"。

△ 张浚生为学生签名。

人物链接 / 新浙江大学首任校长潘云鹤

　　潘云鹤（1946—　），浙江杭州人。中国工程院院士。计算机应用专家，中国智能CAD领域的开拓者。曾任中国工程院党组副书记、常务副院长，中共第十七届中央候补委员，第十二届全国政协常委，外事委员会主任。1995年任原浙江大学校长。1998年四校合并后，任新浙大首任校长。

　　潘云鹤1978年考入浙江大学计算机系，攻读研究生学位。毕业后留校任教。潘云鹤在智能CAD、计算机美术、计算机辅助产品创新、虚拟现实和数字文物保护、数字图书馆、智能城市和知识中心等领域承担过多个重要科研课题，创新性地提出跨媒体智能、数据海、智能图书馆、人工智能2.0等概念，发表多篇研究论文，取得了多项重要研究成果，多次获得国家、省部级科技奖励。

　　潘云鹤在担任新浙大校长期间，通过平稳过渡、结构调整、资源重组、人事改革、学科融合等一系列卓有成效的工作，全面推动学校教学、科研、社会服务等各方面的改革发展，使学校的办学水平不断提高，学科结构日趋合理，科研实力大大增强，国际声望不断提升，成为建校史上最为辉煌的时期之一。他还在如何建设世界一流大学等重大问题上，有深刻的思考、独到的见解，倡导知识、能力、素质并重的"KAQ"育才模式，已在浙大广泛推行。

△ 潘云鹤在工作中。

（二）并校初期的院系设置

学院	系　科
经济学院	经济学系、金融学系（金融学院）、国际经济学系（对外经济贸易学院）、财政学系、公共管理学系
法学院	法律系、政治学与行政管理系、思想政治教育系
教育学院	教育学系、体育学系
人文学院	哲学系、中国语言文学系、新闻与传播学系、艺术学系、国际文化学系、历史学系、社会学系
外国语学院	英语语言文学系、外国语言学与应用语言学系、亚欧语言文学系
理学院	数学系、物理学系、化学系、地球科学系、心理与行为科学系
生命科学学院	生物科学系、生物技术系
机械与能源工程学院	机械工程学系、能源工程学系、力学系
材料与化学工程学院	化学工程与生物工程学系、材料科学与工程学系、高分子科学与工程学系
信息科学与工程学院	计算机科学与工程学系、信息与电子工程学系、光电信息工程学系、控制科学与工程学系
电气工程学院	电气工程及其自动化系、系统科学与电气自动化系、应用电子学系
建筑工程学院	土木工程学系、建筑学系、区域与城市规划系
农业工程与食品科学学院	农业工程系、食品与营养系
环境与资源学院	环境科学系、环境工程系、海洋科学与工程系、资源科学系、土地管理系
生物医学工程与仪器科学学院	生物医学工程学系、仪器科学与工程学系
农业与生物技术学院	农学系、园艺系、植物保护系、茶学系
动物科学学院	蚕蜂科学系、动物科技系、动物医学系
医学院	临床医学一系、临床医学二系、临床医学三系、基础医学系、公共卫生系、口腔系、护理系
药学院	
管理学院	农业经济与管理系、旅游管理系、工商管理系、管理科学与工程学系

△ 新浙大在开始筹建时就专门成立了学院组建方案小组。1998年5月开始，学校组织力量对学科调整和院系组建工作进行调研，最后形成了组建20个学院、69个系的方案。至1999年7月，顺利完成20个学院的组建工作。

● **聘请学院院长**

　　新浙江大学聘请海内外著名专家、院士担任各学院院长，有力促进了师资队伍提升和学科之间的融合与发展。

新浙江大学各学院首任院长

经济学院 王洛林　　法学院 李龙　　教育学院 田正平　　人文学院 查良镛　　外国语学院 邵永真　　理学院 贺贤土　　生命科学学院 洪德元

机械与能源工程学院 岑可法　　材料与化学工程学院 沈家骢　　电气工程学院 严晓浪　　信息科学与工程学院 李国杰　　建筑工程学院 董石麟　　农业工程与食品科学学院 汪懋华　　环境与资源学院 曹楚南

生物医学工程与仪器科学学院 郑筱祥　　农业与生物技术学院 朱军　　动物科学学院 吴常信　　医学院 陈宜张　　药学院 陈耀祖　　管理学院 高尚全

第四章　迈向一流
（1998—　）

　　2001年9月18日，时任中共浙江省委书记张德江同志宣布浙江大学新校区建设工程正式开工。这是浙江大学百余年发展史上一个崭新的里程碑。紫金港校区以现代化、网络化、园林化，并具有中国文化底蕴的生态型校园为建设理念，开辟了学校新的发展空间，在我校人才培养和学科布局调整中发挥了重大作用，为学校空间布局的历史性变化和办学条件的根本改善奠定了扎实的基础。

△ 时任校党委书记张浚生（右二）、校长潘云鹤（右一）等校领导在研究紫金港新校区建设方案。

（三）构建以学生成长为中心的卓越教育体系

浙江大学在国内高等教育界率先提出了"KAQ"并重的教育模式，即知识（Knowledge)、能力(Ability)、素质(Qualities)并重，产生了广泛的影响。经过四校合并后的积极实践和探索，这一模式进一步得到发展和深化，形成并全面践行"人格、素质、能力、知识"融为一体的KAQ2.0模式，成为具有浙大特色的教育理念。

学校全面贯彻党的教育方针，落实立德树人根本任务，构筑拔尖创新人才自主培养基地，推进学有所引、学有所专、学有所进、学有所乐、学有所助，造就德智体美劳全面发展、具有全球竞争力的高素质创新人才和领导者。

△ 2000年6月成立的竺可桢学院，源于1984年创办的混合班。以培养"基础宽厚，知识、能力、素质、精神俱佳，在专业及相关领域具有国际视野和持久竞争力的高素质创新人才和未来领导者"为目标。图为竺可桢学院成立揭牌仪式。

△ 2008年7月，浙江大学在全国率先设立本科生院，并成立了求是学院，成为"一横多纵"学生教育管理体制的重要组成部分。图为求是学院揭牌现场。

1897

1927

1949

1998

2008年4月23日，时任中共中央政治局常委、国务院总理温家宝给浙江大学许雪斌、陈伟、杨子飞、张栋梁4位青年学子回信，鼓励大学生了解农村。2010年6月25日晚，温家宝总理来到浙江大学，亲切看望慰问广大师生并与大学生座谈，勉励同学们做对国家和社会有贡献的人、人民记得住的人。

△ 学生暑期社会实践。

△ 2002年浙江大学紫金港校区启用。学校试行属地化学生管理模式，按学生宿舍楼群划块，首批设立了白沙、紫云、青溪、丹阳、碧峰五个学园，逐步形成"学园-学院"结合的管理模式。

△ 2019年11月，浙江大学党建馆开馆。图为全国优秀教师汪自强教授为同学们讲授"形势与政策"课。

△ 在建党100周年之际，中共一大代表王尽美后人、信息学院王明华教授在南湖讲解"红船精神"。

图说浙大：浙江大学校史简本

△ 校领导带头主动关爱学生，与同学们共话成长，畅谈未来。图为校党委书记任少波、校长杜江峰与同学们互动交流。

◁ 自2002年开始，学校举办"三育人"（教书育人、管理育人、服务育人）标兵评选活动，每两年一届。图为2020年10月第十届"三育人"先进颁奖晚会。

△ 2010年荣获全国大学生数学建模竞赛最高奖"高教社"杯。

△ 2011年荣获第35届ACM国际大学生程序设计竞赛全球总冠军。

△ 学校探索拔尖培养模式，实施小班化教学、本科生导师制、高层次人才担任班主任、本科生提前进入实验室等机制。2021年，学校91个专业入选国家级一流本科专业建设点，总数居全国高校第二。

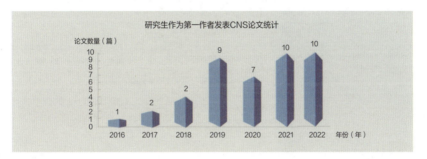

研究生作为第一作者发表CNS论文统计

论文数量（篇）

△ 2016—2022年研究生作为第一作者发表CNS论文统计。

△ 化学系研究生方威风为第一作者的论文"Organic - inorganic covalent - ionic molecules for elastic ceramic plastic"2023年在*Nature*期刊发表。图为研究团队展示有机-无机/共价-离子杂化分子模型。

△ 神经生物学博士生范郑晓为第一作者的论文"Neural Mechanism Underlying Depressive-Like State Associated with Social Status Loss"2023年在*Cell*杂志发表。图为研究团队合影。

2014年11月，李克强总理来浙江大学考察，并和学生们座谈，勉励同学们深刻理解浙大校训，指出："求是"就是孜孜不倦追求真理，这是创新之基，也是走向社会安身立命之本，创业不仅需要创新意识，更需要文化底蕴和求是精神。

△ 浙江大学创新创业学院校内学生创业基地紫金创业元空间。

浙江大学学生在"创新创业"各项赛事中获得的成绩（2010.1—2023.7）

赛事名称	比赛成绩
中国国际"互联网+"大学生创新创业大赛	总冠军2次　智能视力辅具及智能可穿戴近视防控设备（首届）
	杭州光珀智能科技有限公司（第三届）
	亚军1次　回车科技——未来全脑智能行业定义者（第五届）
	季军5次　邦巍科技——全球高性能结构材料领跑者（第四届）
	智冠云联——无限共算全球算力交易平台（第五届）
	Goprint——多功能智能打印机先行者（第七届）
	非夕科技——新一代自适应智能机器人定义者（第七届）
	谓尔：你的数字孪生守护者（第八届）
	金奖45项（不含国际项目），金奖总数位列全国高校第一
"挑战杯"中国大学生创业计划竞赛（原"创青春"全国大学生创业大赛）	最高集体奖"挑战杯"2次
	金奖36项，金奖总数位列全国高校第一
"挑战杯"全国大学生课外学术科技作品竞赛	特等奖7项，一等奖10项，连续获得"优胜杯"
全球重大挑战峰会	竞赛单元唯一金奖1项
	学生日科技墙报竞赛冠军1项
日内瓦国际新技术新产品发明博览会	评审团特别嘉许金奖3项
	金奖8项，银奖7项

◁ 学校建有近30个学科竞赛创新实践基地，每年组织开展98类181项竞赛项目，参赛学生达5千人次。承担5个全国竞赛秘书处工作。图为2010年以来浙大学生在"创新创业"各项赛事中获得的成绩。

▽ "启真杯"学生十大学术新成果评选，是浙大2014年以来为提升学术氛围，鼓励跨学科交流合作，面向全校本科生、硕士研究生和博士研究生创设的年度学术活动。图为首届学生十大学术新成果颁奖现场。

△ 2019年学校承办的第五届"互联网+"大学生创新创业大赛颁奖仪式现场。

△ 文琴艺术总团于2001年在旅美校友姚文琴女士资助下成立。2006年10月，作为国内首个高校艺术团进入美国纽约联合国总部礼堂演出。

△ 2023年7月，浙江大学文琴合唱团在第十二届世界合唱比赛（WCG2023）中荣获高校组"世界合唱比赛冠军"。

△ "大学之声"新年音乐会自2008年以来，每年1月1日在杭州剧院举行。

△ 话剧《速写林俊德》演出现场。

△ 举办国际名校学霸龙舟赛、中国名校龙舟竞渡赛等赛事。2018年11月，以龙舟为传承项目成为教育部首批中华优秀传统文化传承基地。

△ 2015年，学校艺术体操队首次代表中国大学生参加第28届世界大学生运动会，改变了由国家队组队参会的历史。

△ 浙大学子三次在奥运会游泳比赛中夺冠。

△ 浙大学子在2021年东京奥运会男子4×100米接力决赛中获得铜牌。

1897

1927

1949

1998

● 高等教育国家级教学成果奖获奖项目

　　1998年以来，浙江大学获高等教育国家级教学成果一等奖9项，二等奖73项，获奖数量居全国高校前列。

△ 潘云鹤（讲课者）主持的"拔尖创新人才培养二十年的探索与实践"项目获2005年国家级教学成果奖一等奖。

△ 谭建荣（右一）主持的"工程图学特色平台的探索实践与教学基地辐射"项目获2005年国家级教学成果奖一等奖。

△ 应义斌（讲课者）主持的"多学科融合 国际化拓展——生物系统工程专业创建与复合型创新人才培养的实践"项目获2009年国家级教学成果奖一等奖。

△ 应义斌（左三）主持的"以生为本多元融合——依托紧密型团队的农业工程研究生培养的探索与实践"项目获2014年国家级教学成果奖一等奖。

△ 严建华（右一）主持的"研究型大学基于创新的创业教育体系研究与20年实践"项目获2018年国家级教学成果奖一等奖。

△ 陆国栋（讲课者）主持的"时空融合、知行耦合、师生多维互动的机械大类课程教学新范式"项目获2018年国家级教学成果奖一等奖。

△ 杨卫（讲课者）主持的"'力学3.0'导向的工程科学人才培养体系构建与实践"项目获2022年国家级教学成果奖一等奖。

△ 严建华（左二）主持的"基于'工程师学院'破零散破壁垒、破同质化的专业学位研究生培养探索实践"项目获2022年国家级教学成果奖一等奖。

◁ 魏江主持的"打造'商学+'教育生态系统，构建全球嵌入式商科研究生培养模式"项目获2022年国家级教学成果奖一等奖。

（四）着力构建群峰竞秀的优秀学科群

学校加快高峰学科、一流骨干基础学科、优势特色学科建设，深入实施面向2030的学科会聚研究计划，推动学科融合新生、高原筑峰取得突破。

2022年，浙江大学入选第二轮"双一流"建设高校，21个学科入选一流学科建设名单，居全国高校前茅。

浙江大学"双一流"建设学科名单																				
化学	生物学	生态学	机械工程	光学工程	材料科学与工程	动力工程及工程热物理	电气工程	控制科学与工程	计算机科学与技术	土木工程	农业工程	环境科学与工程	软件工程	园艺学	植物保护	基础医学	临床医学	药学	管理科学与工程	农林经济管理

2017年，在全国第四轮学科评估中，浙江大学39个一级学科评为A类，居全国高校第一；一级学科优秀率居全国高校第二；11个一级学科评为A+，居全国高校第三。

全国第四轮学科评估浙江大学A+学科情况
生态学｜光学工程｜控制科学与工程｜计算机科学与技术｜农业工程｜软件工程｜园艺学 农业资源与环境｜植物保护｜临床医学｜农林经济管理

2022年，学校在全国第五轮学科评估中取得历史最好成绩，A+学科数大幅增加且实现了人文学部、社会科学学部、理学部、工学部、信息学部、农业生命环境学部、医药学部学七个学部全覆盖，传统优势学科和基础学科均有重大突破，学科竞争力继续保持在全国前列。

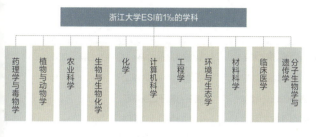

浙江大学ESI前1‰的学科

药理学与毒物学 ｜ 植物与动物学 ｜ 农业科学 ｜ 生物与生物化学 ｜ 化学 ｜ 计算机科学 ｜ 工程学 ｜ 环境与生态学 ｜ 材料科学 ｜ 临床医学 ｜ 分子生物学与遗传学

◁ 据2023年7月ESI数据统计，浙江大学进入世界前1‰的学科数为11个，居全国高校第三。

国家重点一级学科	国家重点二级学科

国家重点一级学科：数学 ｜ 化学 ｜ 机械工程 ｜ 光学工程 ｜ 材料科学与工程 ｜ 动力工程及工程热物理 ｜ 电气工程 ｜ 控制科学与工程 ｜ 土木工程 ｜ 生物医学工程 ｜ 园艺学 ｜ 农业资源利用 ｜ 植物保护 ｜ 管理科学与工程

国家重点二级学科：宪法学与行政法学 ｜ 教育史 ｜ 应用心理学 ｜ 中国古典文献学 ｜ 理论物理 ｜ 凝聚态物理 ｜ 生物物理学 ｜ 生态学 ｜ 固体力学 ｜ 通信与信息系统 ｜ 化学工程 ｜ 农业机械化工程 ｜ 环境工程 ｜ 作物遗传育种 ｜ 特种经济动物饲养 ｜ 内科学（传染病）｜ 儿科学 ｜ 外科学（普外）｜ 肿瘤学

△ 截止2016年底，浙江大学拥有14个国家重点一级学科和21个国家重点二级学科。

面向 2030 的学科会聚研究计划

问天计划 ｜ 超重力计划 ｜ 生态文明计划 ｜ 双脑计划

数字社科计划 ｜ 天宫计划 ｜ 智慧海洋计划 ｜ 量子计划

亚洲文明计划 ｜ 精准医学计划 ｜ 设计育种计划

1897

1927

1949

1998

浙江大学院系设置一览

人文学部

文学院	外国语学院
哲学学院	传媒与国际文化学院
历史学院	艺术与考古学院

社会科学学部

经济学院	管理学院
光华法学院	公共管理学院
教育学院	马克思主义学院

理学部

数学科学学院	地球科学学院
物理学院	心理与行为科学系
化学系	

工学部

机械工程学院	海洋学院
材料科学与工程学院	航空航天学院
能源工程学院	高分子科学与工程学系
电气工程学院	
建筑工程学院	
化学工程与生物工程学院	

信息学部

光电科学与工程学院

信息与电子工程学院

控制科学与工程学院

计算机科学与技术学院

软件学院

生物医学工程与仪器科学学院

集成电路学院

农业生命环境学部

生命科学学院

生物系统工程与食品科学学院

环境与资源学院

农业与生物技术学院

动物科学学院

医学部

医学院

药学院

（五）全面提升自主创新能力与学术影响力

　　学校围绕"四个面向"，服务自立自强，科技创新的战略布局迭代升级、引领发展。学校主动适应国家科技体制改革，科技创新能力显著提升，重大标志性成果持续涌现，荣获国家科学技术奖、攻克关键核心技术实现新突破。持续产生一批有影响力的哲学社会科学成果，在弘扬中华优秀传统文化、发展中国理论、传播中国思想等方面形成更多具有国际影响的重大项目。

△ 2007年2月，学校成立科学技术研究院，推进科学技术研究。图为2011年1月，学校举办浙江大学"西湖学术论坛"暨2010年度"973计划"项目启动会。

△ 2008年1月，学校成立社会科学研究院，推进文科发展。图为2010年7月，学校召开第二次文科大会。

◁ 2020年7月，由浙江大学牵头建设的良渚实验室（系统医学与精准诊治浙江省实验室）成立，集聚科技创新和临床优势资源，建设国内领先、国际一流的生命健康重大科创平台。

承担国家重大科学研究项目竞争能力显著增强

类别		"十一五"期间总数	"十二五"期间总数	"十三五"期间总数
承担重大科研项目（项）	千万级项目	74	169	268
	创新2030-重大项目	/	/	9
	国家重点研发计划项目	/	/	100
承担国家基金（项）	重大研究计划项目	19	55	87
	重大项目课题	7	13	21
	重点项目	56	89	131
	青年科学基金项目	679	1085	1408
	面上项目	1349	2139	2241

△ 浙江大学牵头建设的国家重大科技基础设施——超重力离心模拟与实验装置项目可行性研究报告获得国家发展和改革委员会批复，这是浙江省建设的首个国家重大科技基础设施项目。

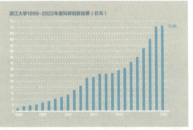

△ 科研经费逐年上升，2022年科研总经费达到70.68亿元人民币。

1898—2020年，浙江大学共获得国家科学技术奖124项。其中国家自然科学二等奖16项，国家技术发明一等奖1项、二等奖25项，国家科技进步奖特等奖1项、一等奖8项、二等奖61项。浙江大学作为第一完成单位荣获2020年度国家科学技术奖励11项，获奖项目数再创历史新高。

1998 年以来浙江大学作为第一完成单位获国家科技奖通用项目奖情况

年份	国家自然科学奖	国家技术发明奖	国家科技进步奖	获奖总数
1998			4	4
1999			3	3
2000			5	5
2001		1		1
2002	2		1	3
2003			2	2
2004			6	6
2005	2		1	3
2006	1		2	3
2007	2	1	3	6
2008		2	2	4
2009		3	6	9
2010		1	4	5
2011			4	4
2012		1	5（一等奖1项）	6
2013	3	3	5（一等奖2项）	11
2014	1	2	2	5
2015	1		3（创新团队奖1项）	4
2016	2	3	4（创新团队奖1项）	9
2017		2（一等奖1项）	3（特等奖1项）	5
2018		2	2（一等奖1项）	4
2019		2	4	6
2020	2	3	6（一等奖1项）	11
2023	2		1	3

▷ 李兰娟院士领衔的研究项目"以防控人感染H7N9禽流感为代表的新发传染病防治体系重大创新和技术突破"获2017年度国家科学技术进步奖特等奖，这是特等奖设立以来我国教育系统、卫生系统"零的突破"。

◁ 郑树森院士和李兰娟院士共同领衔的"终末期肝病综合诊治创新团队"获2015年度国家科技进步奖（创新团队）。

▷ 高翔院士（左二）领衔的"燃煤机组超低排放关键技术研发及应用"获2017年度国家技术发明奖一等奖，这是浙江大学首次以第一完成单位获得该奖项，也是浙江省的第一个国家技术发明奖一等奖。

△ 杨华勇院士（左）主持的"盾构装备自主设计制造关键技术及产业化"的项目获2012年度国家科学技术进步奖一等奖。

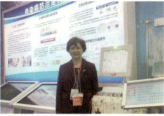

△ 李兰娟院士团队的"重症肝病诊治的理论创新与技术突破"获2013年度国家科学技术进步奖一等奖。

△ 孙优贤院士（右一）领衔的"高端控制装备及系统的设计开发平台研究与应用"获2013年度国家科学技术进步奖一等奖。

△ 倪明江教授领衔的"能源清洁利用创新团队"获2016年度国家科技进步奖（创新团队）。

△ 龚晓南院士（右二）领衔的"复合地基理论、关键技术及工程应用"获2018年度国家科学技术进步奖一等奖。

△ 罗尧治教授团队的"现代空间结构体系创新、关键技术与工程应用"获2020年度国家科技进步奖一等奖。

1897

1927

1949

1998

1897

1927

1949

1998

●根据科技部发布的"中国科学十大进展"，近年来我校下列项目入选

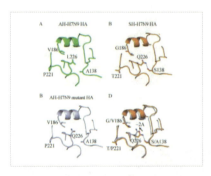

△ H7N9禽流感治诊新方案（李兰娟研究组，2013）

△ 利用溶液法制备出高性能量子点发光二极管（金一政研究组与彭笑刚研究组，2014）。

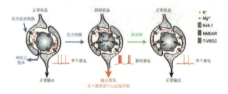

◁ 揭示抑郁发生及氯胺酮快速抗郁机制（胡海岚研究组，2018）。

△ 自供电软机器人成功挑战马里亚纳海沟（李铁风研究组，2021）。

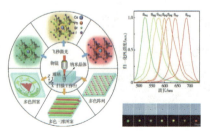

△ 飞秒激光诱导复杂体系微纳结构形成的新机制（邱建荣研究组，2022）。

● 浙江大学历届高等学校科学研究优秀成果奖（人文社会科学）获奖情况

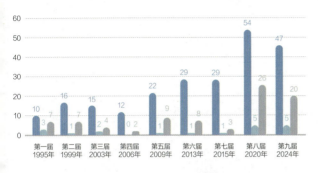

	第一届 1995年	第二届 1999年	第三届 2003年	第四届 2006年	第五届 2009年	第六届 2013年	第七届 2015年	第八届 2020年	第九届 2024年
获奖总数	10	16	15	12	22	29	29	54	47
一等奖数量	3	1	2	0	1	1	1	5	5
二等奖数量	7	7	4	2	9	8	3	26	20

● 获奖总数　　● 一等奖数量　　■ 二等奖数量

◁ 人文社会科学研究特色鲜明、成果丰硕。2020年，在第八届高等学校科学研究优秀成果奖（人文社会科学）评选中获奖数创历史新高，共有54项成果获奖，其中一等奖5项，二等奖26项。

◁ 陈桥驿《〈水经注〉校释》（第三届中国高校人文社会科学研究优秀成果奖历史学一等奖）。

◁ 田正平、肖朗主编《世纪之理想——中国近代义务教育研究》（第三届中国高校人文社会科学研究优秀成果奖教育学一等奖）。

◁ 曹锦炎、沈建华编著《甲骨文校释总集》（第五届中国高校人文社会科学研究优秀成果奖语言学一等奖）。

1897

1927

1949

1998

1897

1927

△ 郁建兴著作获第六届中国高校人文社会科学研究优秀成果奖政治学一等奖。

△ 刘同舫《启蒙理性及现代性:马克思的批判性重构》（第八届中国高校人文社会科学研究优秀成果奖马克思主义理论一等奖）。

△ 许钧《傅雷翻译研究》（第八届中国高校人文社会科学研究优秀成果奖语言学一等奖）。

1949

△ 范柏乃《我国经济社会协调发展的动态监测与政策支撑体系研究》（第八届中国高校人文社会科学研究优秀成果奖管理学一等奖）。

△ 陈村富《希腊哲学史》（修订本）(第八届中国高校人文社会科学研究优秀成果奖哲学一等奖)。

△ 钱文荣《人口迁移影响下的中国农民家庭》（第八届中国高校人文社会科学研究优秀成果奖经济学一等奖）。

1998

△ 张涌泉主编《敦煌经部文献合集》（第二届中国出版政府奖图书奖、第二届宋云彬古籍整理奖）。

第九届高等学校科学研究优秀成果奖（人文社会科学）一等奖获奖成果名单		
马克思人类解放思想史	著作 刘同舫	马克思主义学院
改革开放以来中国翻译研究概论（1978-2018）	著作 许 钧	外国语学院
要素跨国自由流动与外贸战略转型	著作 黄先海	经济学院
The Management Transformation of Huawei: From Humble Beginnings to Global Leadership	著作 吴晓波	管理学院
"最多跑一次"改革: 浙江经验, 中国方案	著作 郁建兴	公共管理学院

● 打造文化学术精品与文化研究工程

△ "中国历代绘画大系"是习近平同志2005年亲自批准，多年来一直高度重视、持续关注，并多次作出重要批示的一项国家级重大文化工程，由浙江大学、浙江省文物局编纂，共收录了海内外263家文博机构的中国绘画藏品12405件（套），涵盖了绝大部分传世的"国宝"级绘画珍品，是目前精品佳作收录最全、图像记录最真、印制质量最精、出版规模最大的中国绘画图像文献。

△ 图为浙江大学艺术与考古博物馆"中国历代绘画大系"成果展中展出的《千里江山图》长卷调色样稿。

△ 《中华礼藏》是我国迄今为止第一次对中华古代传统礼学文献进行全面调查、分类、整理、点校、研究、出版的大型文化研究与出版工程。2013年10月，古籍研究所、礼学研究中心主持的《中华礼藏》项目首批成果18册图书出版。

1897

1927

1949

1998

● 浙江大学入选《国家哲学社会科学成果文库》的已出版成果

△ 郁建兴：

《从行政推动到内源发展：中国农业农村的再出发》

△ 肖文：

《科技进步与中国经济发展方式转变》

△ 胡可先：

《新出石刻与唐代文学家族研究》

△ 刘同舫：

《青年马克思政治哲学思想研究》

△ 张国清：

《实用主义政治哲学》

△ 汪维辉：

《汉语核心词的历史与现状研究》

△ 倪梁康：

《心性现象学》

△ 陈菲琼：

《中国制造业海外并购整合与产业技术创新研究》

△ 刘同舫：

《人类命运共同体的历史唯物主义沉思》

△ 胡铭：

《司法制度的中国模式与实践逻辑》

△ 张涌泉：

《拼接丝路文明——敦煌残卷缀合研究》

（六）师资为基，人才强校

　　学校坚持人才强校，涵育核心优势，努力打造信念坚定、师德高尚、业务精良的教师队伍，构筑学术声誉卓著的人才群峰。通过实施"学术大师汇聚计划""高层次人才培育支持计划""百人计划"等，引进、培育了一批高层次人才和国家级优秀青年人才。

△ 1998年以来有27位教师荣获学校为表彰在教学、科研、管理等方面作出重大贡献的教职工而设立的最高荣誉"竺可桢奖"。图为2018年9月教师节颁奖晚会现场。

△ 浙江大学永平奖教金由浙大校友段永平先生于2011年设立，奖励在教育教学事业上作出突出贡献的教师。图为获奖教师苏德矿在授课。

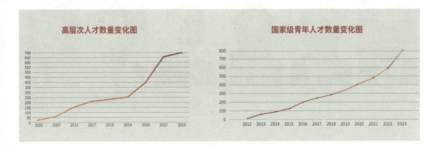

● 1998 年以来在校任教或曾经在校任教的两院院士

高能实验物理、
原子核物理
唐孝威

核农学、生物
物理学
陈子元

半导体材料
阙端麟

腐蚀科学、电化学
曹楚南

高分子化学与物理
沈家骢

植物分类与进化
洪德元

机械电子工程
路甬祥

电力电子及控制设备
汪槱生

免疫学
巴德年

神经内分泌学、
神经生理学
陈宜张

高分子化学
沈之荃

农业信息化工程
汪懋华

热能动力工程
岑可法

动物遗传育种与
畜牧学
吴常信

核聚变与等离子体
物理
贺贤土

计算机应用技术
沈昌祥

控制理论与技术
孙优贤

计算机系统结构
李国杰

1897

1927

1949

1998

化学工程与技术
侯虞钧

结构工程
董石麟

化学分析化学
方肇伦

计算机应用技术
潘云鹤

电力系统及其自动化
韩祯祥

地球物理
徐世浙

水声工程
宫先仪

外科学（普通外科）
郑树森

材料科学
张　泽

有机化学
黄　宪

中药药理学
李连达

力学
朱位秋

植物病毒学、
植物生物技术
方荣祥

石油地质、构造地质
贾承造

信息与通信网络技术
邬江兴

固体力学
杨　卫

内科学（肾脏病）
刘志红

导弹航天测控
系统工程
沈荣骏

图说浙大：浙江大学校史简本

地球物理
杨文采

感染性疾病与
传染病学
李兰娟

水文学与水资源
王 浩

有机化学源
麻生明

管理科学与管理工程
许庆瑞

机械设计及理论
谭建荣

神经生物学
段树民

前寒武纪地质
与变质地质学
翟明国

药理学
（肿瘤药理学）
丁 健

环境工程
侯立安

岩土工程
龚晓南

非线性科学与
生物物理
欧阳颀

数学
励建书

机械电子工程
杨华勇

光学
朱诗尧

构造地质学
杨树锋

计算机应用技术
陈 纯

植物生物工程
万建民

第四章　迈向一流
（1998—　　）

1897

1927

1949

1998

岩土工程
陈云敏

凝聚态物理
陈仙辉

理论物理
罗民兴

物理学
杜江峰

园艺学
唐纳德·格里尔逊

岩石大地构造
杨经绥

妇产科学
黄荷凤

环境工程
朱利中

环境与轻纺
工程管理
王金南

岩石地球化学
张宏福

半导体材料
杨德仁

药物科学
蒋华良

计算机应用
吴朝晖

电机设计制造
夏长亮

微电子技术
吴汉明

无机光电材料
叶志镇

土壤学
张佳宝

凝聚态物理、
计算物理
林海青

238

图说浙大：浙江大学校史简本

1897

1927

1949

1998

化学工程
任其龙

半导体物理
常　凯

基础数学
孙斌勇

结构工程
徐世烺

基础数学
阮勇斌

蔬菜学
喻景权

特种设备设计
与制造
郑津洋

大气环境保护
与治理
高　翔

心血管病学
王建安

数学
包　刚

数据库系统
黄铭钧

物理学
马琰铭

● 在校任教或曾经在校任教的文科资深教授

企业管理
王重鸣

教育史
田正平

中国古典
文献学
张涌泉

法学理论
张文显

劳动经济学
姚先国

西方经济学
史晋川

文艺学与美学
徐　岱

国际法学
王贵国

外国语言文学
许　钧

中国近代史
桑　兵

外国哲学
倪梁康

社会保障
李　实

教育史
刘海峰

传播学
黄　旦

应用经济学
张俊森

（七）深入实施全球开放发展战略

　　学校主动服务中华民族伟大复兴大局，主动适应世界百年未有之大变局，以更加开阔的视野实施全球开放发展战略，对接国家新时代教育对外开放和区域建设要求，加强国际化建设顶层设计，在培养具有国际视野高素质人才、建设世界一流师资队伍、搭建高水平科研合作平台、提升学科全球影响力等方面取得显著成效。

◁ 2010年8月，浙江大学与新加坡科技设计大学签署校际合作协议。这次合作被时任中共中央总书记、国家主席胡锦涛称为"一项创举"。

△ 从2007年承办环太平洋大学联盟校长年会，到2017年主办全球高等教育峰会，学校积极参与国际大学联盟组织。图为2017年5月，全球高等教育峰会在浙江大学举行。

◁ 2015年5月，浙江大学爱丁堡大学联合学院成立仪式。

◁ 2016年4月，浙江大学伊利诺伊大学厄巴纳一香槟校区联合学院成立仪式。

△ 2009年，也门籍博士生阿马尔在央视第二届"汉语桥"大赛中夺得"金奖"。

241

第四章　迈向一流
（1998—　　）

1897

1927

1949

1998

△ 2002年10月14日，曾任联合国秘书长科菲·安南访问浙江大学，被授予浙江大学名誉博士学位。受聘仪式上他说："这个很大的荣誉不仅仅属于我个人，也属于联合国。"

△ 2006年3月23日，国际奥委会终身名誉主席萨马兰奇被聘为浙大名誉博士。

△ 2002年8月，世界著名理论物理学家、英国剑桥大学教授史蒂芬·霍金来浙大演讲，并受聘为名誉教授。

∧ 学校重视国际优秀师资的引进。图为中国工程院外籍院士、英国皇家科学院院士唐纳德·格里尔逊在为学生授课。

◁ 截至2022年，共有660多个海外交流项目，涵盖6大洲40个国家。以联合培养项目、交换生项目、科研实习项目、毕业设计项目、短期交流项目、访学项目等多种模式，助力学生海外交流"走出去"，提升本土国际氛围"引进来"。

　　2017年10月，浙江大学国际联合学院海宁国际校区校园全面落成。目前设有浙江大学爱丁堡大学联合学院、浙江大学伊利诺伊大学厄巴纳—香槟校区联合学院两个国内最高水平的中外合作办学机构，以及浙江大学国际联合商学院。成立了浙江浙大国际联合创新中心，目前设有11个国际研究中心，形成了科教合作网络。

　　浙江大学国际联合学院形成了"以我为主、高水平、一对多"的在地国际化合作办学模式，形成了融合东西方优势的国际化人才培养模式，成为国内高水平中外合作办学的标杆，首届本科生深造率就达100%。构建了高水平国际化师资队伍，形成了中国和美国、英国、新加坡等发达国家的院士集群，外籍教师占比49.5%。2019年5月，打造浙江大学国际联合学院国际合作教育样板区列入《长江三角洲区域一体化发展规划纲要》。

△ 国际联合学院（海宁国际校区）校园。

△ 书院高桌晚宴。

　　学校全球"朋友圈"包括遍布6大洲40余个国家和地区的200余个合作伙伴，其中有47所全球排名前50的高校以及全球500强企业、国际组织等，形成了全方位、多层次、宽领域的全球链接合作网络。

（八）社会服务创新策源的"浙大模式"

　　学校坚持"立足浙江、面向全国、走向世界"的总要求，秉承"以服务求发展，用贡献求辉煌"的理念，在扎根中国大地办世界一流大学的进程中，始终将服务社会、为人类发展做贡献作为自身使命，全方位服务国家区域经济社会发展。

　　截至目前，学校已与17个省（自治区、直辖市）和省内全部11个地级市建立全面合作关系，与国家电网、中国石化等数十家重点央企、大型国企、顶尖民企签署了全面战略合作协议。

△ 浙江大学国家大学科技园，是国家首批15个大学科技园试点园区之一，2001年5月被科技部、教育部联合批准成为国家级大学科技园。

△ 浙江大学与杭州市确立了长期、稳定和特殊的战略合作关系。图为2004年浙江大学与杭州市战略合作会议现场。

◁ 2006年5月，浙江大学与湖州市合作共建省级社会主义新农村实验示范区签约仪式。

1897

1927

1949

1998

　　1999年，浙江大学与杭州市人民政府合作创办了浙江大学城市学院。2001年，浙江大学与宁波市人民政府合作创办了浙江大学宁波理工学院。两所院校均在2020年1月，经教育部批准由独立学院转设为普通公办本科院校。

△ 浙大城市学院。

△ 浙大宁波理工学院。

◁ 2006年10月，浙江大学"中国西部发展研究院"成立，时任浙江省委书记习近平同志出席成立仪式，这是浙江大学服务西部、促进东西部合作的重要举措。左图为浙江大学中国西部发展研究院大楼，以及2010年浙江大学获"国家西部大开发突出贡献集体"称号奖牌。

△ 2012年6月，为主动对接国家海洋战略，浙江大学与舟山市人民政府合作，共建浙江大学舟山校区（海洋学院）。

△ 2016年9月，浙江工程师学院（浙江大学工程师学院）揭牌成立。图为工程师学院首届新生开学典礼。

△ 学校自2012年起定点帮扶云南省景东彝族自治县，2020年5月，景东县正式退出贫困县序列，2022年入选"全球最佳减贫案例"。图为校领导在景东调研。

第四章　迈向一流
（1998—　）

　　学校充分发挥科技创新和人才资源优势，服务浙江争创建设社会主义现代化先行省，主动对接长三角一体化、大湾区等国家区域战略，推进新型校地合作，助力地方传统支柱产业转型升级和未来战略性新兴产业发展。

△ 浙江大学杭州国际科创中心。

△ 浙江大学上海高等研究院。

△ 浙江大学长三角智慧绿洲创新中心。

"双抗12-5"转基因玉米　　对照玉米

◁ 发掘了拥有自主知识产权的抗虫和耐除草剂基因，研发的"瑞丰125"转基因玉米品种获得国家农业转基因生物安全证书，这是我国主粮领域首批批准颁发的2张转基因生物安全证书之一。与常规品种相比，亩产可提高100—200斤。

△ 开发出首张全基因组选择育种高密度液相芯片"浙大棉芯1号"，建立了COTTONOMICS多组学与棉花育种设计平台，选育出通过国家审定的"浙金研2号"等棉花新品种20余个，推广4000多万亩，为我国从种质资源大国向种业强国进军贡献了自己的智慧和力量。

△ 农业技术推广中心研究员楼兵干科技援疆，为枝枯病防控找到解决方案，帮助当地百姓种出"致富果"，被称为"香梨女神"。

△ 能源工程学院教师熊树生扎根龙泉十余年，挖掘当地汽车空调产业潜力，把传统优势产业发展振兴为支柱产业。

图说浙大：浙江大学校史简本

△ 面对新冠疫情，浙江大学在疫情防控、应急救治中彰显"国家队"的责任担当。图为2020年2月14日，浙江大学医学院各附属医院组建的浙江省援鄂医疗队在省人民大会堂前集结，出征湖北武汉。

△ 附属第一医院党委获全国抗击新冠疫情先进集体证书。

△ 附属第二医院医疗队。

△ 邵逸夫医院医疗队。

△ 附属第四医院医疗队。

（九）弘扬新时代大学精神文化

　　学校以社会主义核心价值观引领学校精神文化建设，将浙大人共同价值观核心词凝练为"勤学、修德、明辨、笃实"，将浙大精神表述为"海纳江河、启真厚德、开物前民、树我邦国"，致力于继承和弘扬以"求是创新"精神为核心的大学文化，为浙大学子提供学习交流、全面发展的绚烂舞台。

　　浙江大学校史馆设于紫金港校区学生活动中心。全馆由"序幕""求是溯源""探求崛起""调整发展""争创一流""领导关怀"六部分组成，以大量历史图片和珍贵史料、实物，回顾浙大百廿余年的发展历史。2007年5月21日正式开放参观，2008年入选浙江省爱国主义教育基地。

△ 浙江大学校史展开展仪式。

△ 2010年6月，"浙大百年文科名家展"在浙江大学紫金港图书馆开展。

1897

● 《竺可桢日记》手稿入选第五批中国档案文献遗产名录

1927

◁ 2023年1月，浙江大学档案馆藏《竺可桢日记》手稿入选国家档案局发布的第五批中国档案文献遗产名录，这是高校藏档案文献首次入选。《竺可桢日记》手稿合计字数约达1000万字，被史学界公认"20世纪最具影响力的名人日记之一"。

● 竺可桢纪念馆开馆

1949

◁ 竺可桢纪念馆位于玉泉校区竺可桢国际教育大楼，由校友刘奎斗捐资建造，于2000年5月落成。2020年竺可桢诞辰130周年之际，校档案馆重修纪念馆。先后入选全国科普教育基地、浙江省首批科学家精神教育基地。

1998

▽ "惟学无际"油画长卷，1984级校友梅洛明、石玉芝夫妇捐资，徐方创作，现藏于浙江大学校史馆。

● **"书记有约""校长有约"**

　　自2013年5月起，浙江大学持续开展"书记有约"和"校长有约"活动，校领导与学生实时对话，切实解决学生关切的问题，做到件件有落实、事事有回应。

△　"书记有约"活动现场。

△　"校长有约"现场。

● **"新生之友"寝室联系制度**

　　"新生之友"寝室联系制度是学校从2011—2012学年开始实行的践行"以学生为本"教育理念的一项育人新举措，即一名优秀教职工与一个新生寝室建立联系，帮助新生更好地适应大学生活、掌握大学学习规律、走好大学阶段第一步。该项目荣获2015年全国高校校园文化建设优秀成果特等奖。

△　浙大第一批"新生之友"联系寝室活动。

● 登攀节

△ 登攀节是浙大党委研究生工作部指导，博士生会和研究生会共同主办，全校研究生、本科生共同参与的大型综合性校园文化品牌活动。自1993年起已举办29届，每年参与人数近万人。

● 重走西迁路

△ 学校以"重走西迁路"为主题，将求是精神宣传教育活动与校园文化建设、大学生社会实践挂职锻炼、服务社会紧密结合。2010年，"重走西迁路"获教育部高校校园文化建设优秀成果特等奖。

● 毅行

◁ 毅行是一项由浙大学生自行组织举办的长距离团队户外徒步活动，发起于2002年，现已成为学校一项传统文化活动。2007年，"毅行"获教育部高校校园文化建设优秀成果奖。

● 红色寻访

△ 浙大学生分赴全国各地红色教育基地开展调研实践活动。2013年，"红色寻访"获教育部高校校园文化建设优秀成果特等奖，入选中组部"全国组织工作改革创新案例"。

● 丰富多彩的文体活动

△ 黑白剧社原创大戏《求是魂》作为中国科协联合教育部、共青团中央、中国科学院和中国工程院组织实施的"共和国的脊梁——科学大师名校宣传工程"之一，自2013年以来，先后走过北京、武汉、西安、重庆、南京、汕头等地汇演。

△ 校园健身跑。

△ 2021年5月，庆祝中国共产党建党100周年暨浙江大学124周年校庆舞蹈晚会举行。

△ 2021年6月，浙江大学举行庆祝中国共产党成立100周年合唱比赛。

1897

1927

1949

1998

● 学生节

为展现求是学子风采，浙江大学设立学生节，自2014年以来已成功举办八届。学生节坚持以"健康、快乐、成长、梦想"为活动主题，突出学生主体意识和主人翁精神，成为心中有梦、眼中有光、手中有力、肩上有责、脚下有路的时代新人。

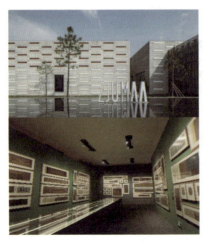

△ 2019年9月，浙江大学艺术与考古博物馆落成并启用。

△ 2021年5月，浙江大学图书馆古籍馆开馆。

● 百廿华诞

◁ 2017年5月21日，浙江大学建校120周年纪念大会在紫金港校区体育馆举行。海内外校友积极响应、共襄华诞。

● 使命愿景大讨论

◁ 2021年8月起，浙江大学在全校范围内开展新发展阶段使命愿景大讨论。全校师生深入研讨一流大学的历史使命和发展战略，思考办学目标愿景，组织编写《浙江大学使命愿景红皮书》。图为"使命愿景大家谈"主题活动之青年教师专场讨论。

1897

1927

1949

1998

（十）灿若星辰浙大人

在长期的办学历程中，学校涌现出大批著名科学家、文化大师以及各行各业的精英翘楚，包括1位诺贝尔奖获得者、4位"两弹一星"功勋奖章获得者、5位国家最高科技奖得主和230余位两院院士等杰出典型，1977年恢复高考后浙江大学（含四校）本科毕业生中当选两院院士人数居全国高校第一，学校还培养了一大批知名企业家，300余位校友执掌280多家上市公司。一代又一代浙大人为实现中华民族伟大复兴、推进人类文明交流互鉴作出了积极贡献。

● "两弹一星"功勋奖章获得者

1999年，中共中央、国务院、中央军委授予23位科技专家"两弹一星"功勋奖章。浙江大学校友中有王淦昌、赵九章、钱三强、程开甲四位获此殊荣。他们是人民共和国的功臣，是老一辈科技工作者的杰出代表，是新一代科技工作者的光辉榜样。

王淦昌
（1907—1998）
1936—1950年任浙江大学物理学系教授

赵九章
（1907—1968）
1925—1929年求学于浙江公立工业专门学校及浙江大学工学院电机科

钱三强
（1913—1992）
1978—1982年任浙江大学校长

程开甲
（1918—2018）
1937—1952年先后在浙江大学物理学系求学和任教

255

第四章　迈向一流
（1998—　）

1897

1927

1949

1998

●浙大校友获"国家最高科学技术奖"

"国家最高科学技术奖"于2000年设立，是中国科技界的最高荣誉，每次获奖者不超过2名，授予在当代科学技术前沿取得重大突破或在科技发展中卓有建树，在科技创新、科技成果转化和高新技术产业化中创造巨大经济或社会效益的科学技术工作者。

浙江大学校友吴文俊、叶笃正、徐光宪、谷超豪、程开甲获此殊荣。

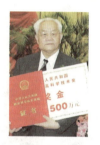

△ 之江大学1945年教师吴文俊获2000年度（首届)国家最高科学技术奖。

△ 浙江大学史地研究所1941级研究生叶笃正获2005年度国家最高科学技术奖。

△ 浙江大学附属高工1936级学生徐光宪获2008年度国家最高科学技术奖。

△ 浙江大学数学系1943级学生谷超豪获2009年度国家最高科学技术奖。

△ 浙江大学物理学系1937级学生程开甲获2013年度国家最高科学技术奖。

1897

1927

1949

1998

●浙大校友获"人民科学家""人民教育家""人民英雄"国家荣誉称号

　　2019年新中国成立70周年之际，党中央决定，首次集中评选颁授国家勋章和国家荣誉称号，第一次以"中华人民共和国"名义，隆重表彰为国家建设和发展作出杰出贡献的功勋模范人物，共授予28人国家荣誉称号。其中，授予"人民科学家"国家荣誉称号5位，浙江大学校程开甲、叶培建、吴文俊获此殊荣，授予"人民教育家"国家荣誉称号3位，浙江大学校友高铭暄获此殊荣。

　　2020年8月11日，国家主席习近平签署主席令，隆重表彰在抗击新冠疫情斗争中作出杰出贡献的功勋模范人物，浙江大学化工系1984级学生陈薇获"人民英雄"国家荣誉称号。

程开甲	叶培建	吴文俊	高铭暄	陈薇
（1918—2018）	（1945—）	（1919—2017）	（1928—）	（1966—）
1937—1952年先后在浙江大学物理学系求学和任教	1967年毕业于浙江大学无线电系	1945年任教于之江大学	1947—1949年求学于浙江大学法律系	1988年毕业于浙江大学化工系

●恢复高考以来浙江大学学士、硕士和博士学位获得者中当选两院院士的校友

毕业本科生：

陈十一
1982年本科毕业于
力学系

彭平安
1982年本科毕业于
地质系

丁仲礼
1982年本科毕业于
地质系

徐扬生
1982年本科毕业于
机械系

朱玉贤
1982年本科毕业于
农学系

黄荷凤
1982年本科毕业于
医学系

王建宇
1982年本科毕业于
物理系

朱利中
1982年本科毕业于
化学系

叶志镇
1982年本科毕业于
电机系

任其龙
1982年本科毕业于
化学工程学系

陈云敏
1983年本科毕业于
土木工程系

罗民兴
1983年本科毕业于
物理系

谢作伟
1983年本科毕业于
化学系

滕锦光
1983年本科毕业于
土木工程学系

喻景权
1983年本科毕业于
园艺系

何祖华
1983年本科毕业于
农学系

景益鹏
1984年本科毕业于
物理系

王　坚
1984年本科毕业于
心理学系

图说浙大：浙江大学校史简本

陈剑平
1985年本科毕业于
植物保护系

徐国良
1985年本科毕业于
生物系

杨德仁
1985年本科毕业于
材料系

焦宗夏
1985年本科毕业于
机械系

麻生明
1986年本科毕业于
化学系

陈学东
1986年本科毕业于
化学工程学系

陈建峰
1986年本科毕业于
化学工程学系

胡培松
1986年本科毕业于
农学系

刘汉龙
1986年本科毕业于
土木系

徐义刚
1987年本科毕业于
地质系

郑津洋
1987年本科毕业于
化学工程学系

吴朝晖
1988年本科毕业于
计算机科学与工程学系

陈薇
1988年本科毕业于
化学工程学系

马余刚
1989年本科毕业于
物理系

朱永官
1989年本科毕业于
土壤农化系

高翔
1990年本科毕业于
能源工程学系

黄和
1997年本科毕业于
化工系

孙斌勇
1999年本科毕业于
数学系

毕业研究生：

潘云鹤
1981年获硕士学位

徐扬生
1984年获硕士学位

龚晓南
1984年获博士学位

叶志镇
1984年获硕士学位
1987年获博士学位

陈 纯
1984年获硕士学位
1990年获博士学位

朱利中
1985年获硕士学位

郑树森
1986年获硕士学位

陈云敏
1986年获硕士学位
1989年获博士学位

何祖华
1986年获硕士学位
1996年获博士学位

吴孔明
1987年获硕士学位

任其龙
1987年获硕士学位
1998年获博士学位

杨德仁
1988年获硕士学位
1991年获博士学位

陈仙辉
1989年获硕士学位

黄荷凤
1989年获硕士学位

王建安
1989年获硕士学位
2000年获博士学位

王 坚
1990年获博士学位

焦宗夏
1991年获博士学位

谭建荣
1992年获博士学位

陈建峰
1992年获博士学位

郑津洋
1992 年获博士学位

罗 安
1993年获博士学位

吴朝晖
1993年获博士学位

夏长亮
1993年获硕士学位
1995年获博士学位

胡事民
1993年获硕士学位
1996年获博士学位

张锁江
1994年获博士学位

高 翔
1995 年获博士学位

陈学东
1995年获硕士学位
2004年获博士学位

陈左宁
1999年获硕士学位

陈文兴
1999年获博士学位

杜时贵
1999年获博士学位

张新友
2011年获博士学位

人物链接　/　国家最高科学技术奖获得者、气象学家叶笃正

叶笃正（1916—2013），天津人。中国科学院院士。著名气象学家。1987年获得国家自然科学一等奖，1995年获得第一届何梁何利最高奖——科学与技术成就奖和陈嘉庚地球科学奖。获2005年度国家最高科学技术奖。

叶笃正1940年毕业于西南联大地质地理气象系，1940—1943年期间在浙江大学文科研究所史地学部攻读硕士研究生。1948年获美国芝加哥大学博士学位。1950年回国后历任中国科学院地球物理研究所研究员、主任，大气物理研究所研究员、所长，中国科学院副院长等职。

叶笃正在浙大读研期间，正值浙大西迁。叶笃正经由导师涂长望的介绍拜师于著名物理学家王淦昌门下，在王淦昌指导下确定了"湄潭近地层大气电位的观测研究"的研究课题。他在《我的论文启蒙老师王淦昌先生》一文中这样写道："我的第一篇可供发表的论文，也就是我的硕士论文，就是王先生手把手教出来的。……我后来的一生中，能在科学上有点成就，王先生对我启蒙式的指导是有功劳的。"

叶笃正的主要科技成就包括建立青藏高原气象学、发现大气环流的突变、提出大气能量频散理论、倡导与可持续发展相联系的全球气候变化研究和人类有序活动对全球气候变化影响的适应等。2010年5月4日，国际小行星命名委员会批准，将国际永久编号第27895号小行星命名为"叶笃正星"。

人物链接 / "两弹一星"功勋、国家科学技术最高奖、八一勋章获得者程开甲

程开甲（1918—2018），江苏苏州人。我国著名理论物理学家。中国科学院学部委员（院士）。原国防科工委科技委常任委员。他是我国核武器事业的开拓者、我国核试验科学技术体系的创建者之一。

1937年，程开甲以优异的成绩考入浙大物理系，受教于束星北、王淦昌、陈建功、苏步青等学界一流的老师。在他求学的四年中，为了躲避战火，学校几经播迁。1939年，日本军机轰炸浙大，程开甲的衣服、被褥、书籍都化为了灰烬。在颠沛流离和硝烟弥漫中，程开甲在笔记本上写下了两行字："中国落后挨打的原因：科技落后。拯救中国的方法：科学救国。"1941年程开甲毕业后留浙江大学物理系任教。

程开甲是中国指挥核试验次数最多的科学家，人们称程开甲是"核司令"。他在大漠里隐姓埋名一干就是二十多年，先后参与和主持首次原子弹、氢弹试验，以及"两弹"结合飞行试验等多次核试验，为建构有中国特色的核试验科学技术体系，建立改革开放安全屏障，推进科技强国事业作出了杰出贡献。

1999年程开甲被授予"两弹一星功勋奖章"，2013年荣获国家最高科学技术奖，2017年被中央军委主席习近平授予"八一勋章"，于2018年荣获"影响世界华人大奖"终身成就奖。

263

第四章　迈向一流
（1998—　）

1897

1927

1949

1998

人物链接 ／ 国家最高科学技术奖获得者、数学家谷超豪

谷超豪（1926—2012），浙江温州人。著名数学家。中国科学院院士。获2009年国家最高科学技术奖。

1943年秋考入浙江大学龙泉分校，后来成为苏步青教授的弟子。当时一年级课程并不要求太多的逻辑推理，但对直观能力、演算能力和解应用问题的能力，却有很高的要求。通过这些训练，谷超豪打下了扎实的数学基础。有一次，他读了一本用综合方法写的射影几何的著作，完全不用计算，便能把二次曲线的基本性质描述清楚，这引起了他很大的兴趣，对几何学有了偏爱。这也是谷超豪后来的许多研究成果，无论是分析的还是物理的，都带有几何风格的一个重要原因。

在青年时代，爱国与数学一样成为谷超豪生命中交叉的主题。1940年，谷超豪在青田县秘密加入中国共产党，年仅14岁。在大学期间，他和同学共同组织"求是学社"，还成立"大专学生暑假联谊会"，向中学生宣传爱国学生运动。

2009年，国际小行星命名委员会批准，将紫金山天文台于2007年9月11日发现的171448号小行星命名为"谷超豪星"。这是继吴健雄、李政道、谈家桢、赵九章等9位校友后，第10位浙大校友荣获以自己姓名给小行星命名之殊荣。

人物链接 / 诺贝尔物理学奖获得者李政道

　　李政道（1926—2024），上海人。著名物理学家，诺贝尔物理学奖得主。李政道1943年秋考入浙江大学电机系。在束星北、王淦昌等教师的影响下，攻读物理系，由此走上物理学之路。1950年获美国芝加哥大学博士学位。1964年当选为美国国家科学院院士。1990年推动在浙江大学成立浙江近代物理中心，并任中心主任至今。1994年当选为中国科学院外籍院士。他曾经这样回忆浙大西迁贵州期间求学的经历，"青春岁月的四个年头，我是与浙江大学紧密相连的。一年'求是'校风熏陶，发端了几十年我细推物理之乐。浙大和西南联大给了我后来得以细推物理的基础，也给了我后来攀登世界高峰的中华文化底蕴。"

　　在1957年，李政道和杨振宁因提出弱相互作用下宇称不守恒定律共同获得诺贝尔物理学奖，这也是中国人首次获得诺贝尔奖。1997年5月30日，国际小行星命名委员会批准，将中国科学院南京紫金山天文台发现的国际永久编号第3443号小行星命名为"李政道星"。

△ 2017年5月，李政道先生向浙江大学致贺信，遥祝母校百廿华诞。

265

第四章　迈向一流
（1998— ）

1897

1927

1949

1998

人物链接 / 全军挂像英模林俊德

林俊德（1938—2012），福建永春人。中国工程院院士，原总装备部某基地研究员，"献身国防科技事业杰出科学家"。

1955年林俊德考上浙江大学机械系，因家中贫困，上学的路费是信用社的借贷、学校的补助。大学5年他没回过一次家，读大学的费用全靠政府发放的助学金。他在学校如饥似渴地学习。从那时起，林俊德就默默下决心，学好本领，报效祖国！

林俊德投身国防科技事业50多年，扎根戈壁无私奉献，年过七旬依然战斗在科研试验一线。2012年，长年忘我工作、积劳成疾的林俊德被确诊为胆管癌晚期。为了不影响工作，他拒绝手术和化疗。即使病情突然恶化，被送进重症监护室，他也强烈要求转回普通病房，他说："我是搞核试验的，一不怕苦，二不怕死，现在最需要的是时间。"他把病房当作战场，争分夺秒地舍命整理重要科研资料，为国防科技事业奋斗到生命最后一息。2013年1月，中央军委追授他"献身国防科技事业杰出科学家"荣誉称号。2018年9月20日，经中央军委批准，浙江大学校友林俊德被增加为全军挂像英模，与张思德、董存瑞、黄继光、邱少云、雷锋等并列十大英模。

浙江大学的发展凝聚了广大校友和社会各界惠教泽学的爱心。1994年学校联合社会各界成立"浙江大学竺可桢教育基金会"，2006年更名为"浙江大学教育基金会"。基金会始终秉承"汇八方涓流，襄教育伟业"的宗旨，积极拓展和吸纳社会资源，共同为创建世界一流大学贡献积极力量。

△ 段永平校友长期关心和支持母校教育事业的发展，多次在浙江大学建设发展的重要阶段给予了母校关键的支持。2006年9月，浙大校友段永平(左二)联合丁磊向浙大捐赠4000万美元支持教育事业，创下当时中国高校最大单笔捐赠纪录。他陆续捐赠设立或支持了"浙江大学永平贷学金""浙江大学永平奖学金""浙江大学永平奖教金""浙江大学信电学院人才引进基金""浙江大学浚生基金"等项目；捐赠设立"浙江大学等额配比基金"，开创了全新的捐赠模式，吸引社会各界广泛关心支持学校教育事业。近年来，他还陆续捐资支持"浙江大学图书馆基础馆""段永平教学楼""段永平高科技大楼""段永平生命科学研究交叉中心"等基础设施建设。段永平校友的捐赠和支持在促进学校人才培养、教师队伍建设和基础设施建设等方面发挥了重要作用。

◁ "缘定浙大"校友集体婚礼由浙江大学校友总会主办，自2012年启动以来，越来越多的浙大师生和校友选择以集体婚礼来完成自己的人生大事。校友集体婚礼已经成为学校每年校庆期间最隆重盛大的庆祝活动之一。

（十一）高质量发展的医疗服务事业

　　学校各附属医院聚焦高质量发展，为建设健康中国提供了坚实的力量。五家医院在国家三级公立医院绩效考核中蝉联最高等级，其中A++等级医院数量居全国高校第一。附属第一医院获批国家医学中心"辅导类"创建单位，国家公立医院高质量发展试点单位，附属第二医院荣获浙江省医疗卫生系统首个国家质量管理领域最高荣誉——第四届中国质量奖提名奖，附属邵逸夫医院连续两年在中国医院综合排名榜进步最快榜位居全国第一，附属妇产科医院和附属儿童医院处在妇儿健康领域"第一方阵"重要领跑者的地位不断彰显，附属口腔医院当选中华口腔医学会副会长单位，附属第四医院新晋三级甲等综合医院。

△ 附属第一医院大楼。

△ 附属第一医院开展多器官移植手术。

△ 附属第二医院大楼。

△ 附属第二医院开展心脏手术。

1897

1927

1949

1998

◁左图为附属邵逸夫医院大楼
右图为附属邵逸夫医院开展腹腔镜手术。

◁左图为附属妇产科医院大楼
右图为附属妇产科医院开展手术

◁左图为附属儿童医院大楼
右图为附属儿童医院达芬奇团队合影

◁左图为附属口腔医院大楼
右图为浙江大学口腔医学专业学生毕业合影。

◁左图为附属第四医院大楼
右图为附属第四医院开展手术

● 建设国家医学中心和国家区域医疗中心

国家医学中心和国家区域医疗中心的建设，旨在打造医学高地，提升整体和区域医疗服务能力，减少患者跨区域就医，助力分级诊疗制度建设。浙江大学充分发挥核心医院和重点专科的示范、引领和辐射作用，形成国家区域医疗中心重点学科群，发挥"双中心"在临床研究、人才培养、技术转化、技术辐射和管理示范等方面的作用，显著提升区域疑难危重病诊治水平、科技创新能力和区域影响力。

2019年起，七家国家医学中心和国家区域医疗中心落户浙江大学。浙江大学附属第一医院被列为国家医学中心首批"辅导类"创建单位之一。

△ 医学院举行白大褂授予暨医学生宣誓仪式。

○ **国家传染病医学中心**
由浙江大学医学院附属第一医院牵头建设

○ **综合类别国家区域医疗中心**
浙江大学医学院附属第一医院牵头，联合浙江大学医学院附属第二医院、浙江大学医学院附属邵逸夫医院、浙江省人民医院等建设

○ **国家心血管病区域医疗中心**
国家创伤区域医疗中心
由浙江大学医学院附属第二医院牵头建设

○ **国家呼吸区域医疗中心**
由浙江大学医学院附属邵逸夫医院牵头建设

○ **国家儿童区域医疗中心**
由浙江大学医学院附属儿童医院牵头建设

○ **国家妇产区域医疗中心**
由浙江大学医学院附属妇产科医院牵头建设

○ **国家感染性疾病临床医学研究中心**

○ **国家儿童健康与疾病临床医学研究中心**

1897

1927

1949

1998

1897

1927

（十二）党建引领中国特色世界一流大学建设

　　学校以高质量党建引领中国特色世界一流大学建设。按照党对深入推进党的建设新的伟大工程的部署，全面贯彻落实新时代党的建设总要求，将学校打造成为坚持党的领导的坚强阵地、党建引领改革发展的标杆典范。

　　学校历次党代会坚定不移地将建设中国特色世界一流大学作为奋斗目标和鲜明主题，对学校事业发展作出科学系统的战略部署。

1949

△ 2005年12月20日至21日，中共浙江大学第十二次代表大会召开。大会明确了建设世界一流大学的奋斗目标，立足科学发展，坚持以人为本，着力自主创新，推进改革开放，构建和谐浙大，加强党的建设，实现各项事业又好又快发展。

△ 2011年12月9日至10日，中共浙江大学第十三次代表大会召开。大会提出了建设世界一流大学"三步走"的目标愿景，坚持以质量为核心的内涵发展道路，为加快建设世界一流大学而努力奋斗。

1998

△ 2017年12月28日至29日，中共浙江大学第十四次代表大会召开。大会提出坚持以习近平新时代中国特色社会主义思想为指导，聚焦"三个一流"的战略主线，高水平建成中国特色世界一流大学。

△ 2023年4月16日至17日，中共浙江大学第十五次代表大会召开。大会提出以习近平新时代中国特色社会主义思想和总书记对浙江大学重要指示精神为指导，扎根中国大地加快走向世界一流大学前列，努力为以中国式现代化全面推进中华民族伟大复兴作出积极贡献。

第四章　迈向一流
（1998— ）

　　1998年以来，学校先后开展了"讲学习，讲政治，讲正气"教育活动、保持共产党员先进性教育活动（全国唯一试点高校）、深入学习实践科学发展观活动（全国23家试点单位之一）、党的群众路线教育实践活动、"两学一做"学习教育、"不忘初心、牢记使命"主题教育、党史学习教育和学习贯彻习近平新时代中国特色社会主义思想等主题教育活动。

△ 党的群众路线教育实践活动期间，校领导赴嘉兴南湖革命纪念馆瞻仰学习，重温入党誓词。

△ 党史学习教育中央宣讲团走进浙江大学与师生座谈交流。

△ 2023年6月，央视《新闻联播》报道浙江大学开展学习贯彻习近平新时代中国特色社会主义思想主题教育，点赞浙江大学推进人才培养和学科建设高质量发展。

1897
1927
1949
1998

1897

1927

1949

1998

△ 2012年学校党委被授予"全国创先争优先进基层党组织"荣誉称号。

△ 2020年获全国先进基层党组织称号证书。

△ 2023年浙江大学荣获全国五一劳动奖状。

◁ 2021年浙江大学首批建成"全国党建工作示范高校"。3个院级党委、10个党支部入选"全国党建工作标杆院系"和"全国党建工作样板支部"培育创建单位。图为2020年校党委书记任少波为毕业生党员代表出征授旗。

◁ 1998年以来，浙江大学教师中4位获"全国优秀共产党员"称号，1位获评"全国优秀党务工作者"，1位获评"全国劳动模范"，10位获评"全国先进工作者"，12位获"全国五一劳动奖章"。学校工会荣获"全国工会系统先进集体"，学校团委获评"全国五四红旗团委"称号。图为2021年7月，学校庆祝中国共产党成立100周年暨表彰先进大会现场。

（十三）牢记嘱托　走在前列

习近平总书记在浙江工作期间，亲自联系浙江大学，先后18次莅临学校指导，多次为师生做形势政策报告，指导与协调解决学校发展面临的重大问题，对浙江大学倾注了关心与厚爱。

2003年1月4日，时任浙江省委书记的习近平同志出席部省共建浙江大学意向协议签约仪式。他在讲话中希望浙江大学制定好翔实可行的建设规划和方案，按照"985计划"的总体要求切实搞好各项建设，始终如一地坚持世界一流大学的目标不动摇。

2005年9月23日，习近平同志在浙江大学主持召开省委常委会。会上，他为浙大指明了总目标和总要求。他说，浙大必须朝着建设世界一流大学的总目标和"立足浙江、面向全国、走向世界"的总要求，锁定目标不动摇，加快步伐不停顿，扎实工作不松劲，坚定不移地向着世界一流大学的目标迈进。他强调，把育人放在高校各项工作的首要位置。

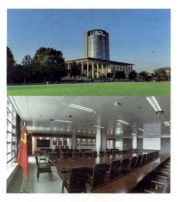
△ 图为习近平同志曾主持召开的省委常委会会址。

2006年9月27日，习近平同志在浙江大学紫金港小剧场为师生作了《继承文化传统 弘扬浙江精神》的形势报告。他在报告中特别指出：作为浙江精神重要组成部分的"求是精神"，是百余年来浙江大学办学理念的浓缩和凝练，是浙大人"以天下为己任、以真理为依归"崇高追求的高度概括，"求是精神"不仅是浙江大学宝贵的精神财富，也是全省教育科技战线乃至全省人民的宝贵精神财富。在新的发展阶段，我们要继续发扬光大浙江精神和"求是精神"。

1897

1927

1949

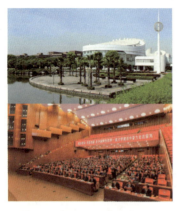

△ 图为浙江大学第十五次党代会会场。

2014年5月4日，习近平总书记在北京大学五四青年节师生座谈会上讲话指出：世界上不会有第二个哈佛、牛津、斯坦福、麻省理工、剑桥，但会有第一个北大、清华、浙大、复旦、南大等中国著名学府。我们要认真吸收世界上先进的办学治学经验，更要遵循教育规律，扎根中国大地办大学。

2015年9月8日，在第31个教师节前夕，中共中央办公厅向浙江省委发来关于回复浙江大学张泽院士等49位教师致习近平总书记来信的函，转达总书记对浙江工作的关心和重视，对广大教师的节日祝贺和殷切期望。来函指出，浙大教师信念坚定、师德高尚、业务精良，为党和国家事业培养了大批人才。希望浙大能在培养和造就社会主义事业的合格建设者和可靠接班人方面走在前列。

1998

2023年4月12日，习近平总书记对浙江大学发展建设作出重要指示：

值此浙江大学第十五次党代会召开之际，向全校师生员工致以热烈祝贺和诚挚问候。

二十年来，我一直关心浙江大学的发展，为你们取得的成绩感到欣慰。希望你们再接再厉，全面贯彻党的教育方针，落实立德树人根本任务，开拓创新、奋发有为，加快建设世界一流大学和优秀学科，为以中国式现代化全面推进中华民族伟大复兴作出积极贡献！

祝大家身体健康，工作顺利！

△ 2018年12月10日，《光明日报》和《浙江日报》头版头条刊发《扎根中国大地办大学——习近平同志关心浙江大学发展纪事》。

图说浙大：浙江大学校史简本

1897

1927

1949

1998

　　浙江大学广大师生牢记习近平总书记的嘱托，勇担使命，求是创新，2021年以来，浙江大学在全校范围内开展新发展阶段使命愿景大讨论，明确时代使命，强化责任担当，凝聚奋进力量，共创新的辉煌。在全面学习贯彻党的二十大精神、深入开展学习贯彻习近平新时代中国特色社会主义思想主题教育、开启走向世界一流大学前列新征程的关键时期，2023年4月，中共浙江大学第十五次代表大会提出以习近平新时代中国特色社会主义思想和总书记对浙江大学重要指示精神为指导，扎根中国大地加快走向世界一流大学前列，努力为以中国式现代化全面推进中华民族伟大复兴作出积极贡献。

△ 2023年1月，"心怀'国之大者' 奋力'走在前列'——迎接浙江大学第十五次党代会主题展"开幕。党委书记任少波、校长杜江峰共同为展览揭幕。

● 在中国特色世界一流大学建设中奋力走在前列

全球卓越人才培养走在前列	社会服务创新策源走在前列
引领性科技创新走在前列	全球开放合作走在前列
哲学社会科学繁荣发展走在前列	新时代高校党建和清廉建设走在前列

● 加快建成服务中国式现代化的战略基地和坚强阵地

卓越人才培养和汇聚的战略基地	服务创新驱动发展的战略基地
服务高水平科技自立自强的战略基地	高水平国际化办学的战略基地
服务中国自主知识体系建构的战略基地	党建引领事业发展的坚强阵地

　　展望未来，浙江大学将在"更高质量、更加卓越、更受尊敬、更有梦想"的战略导向下，勇担使命，求是创新，开拓进取，团结奋斗，在中国特色世界一流大学建设中奋力走在前列，为全面建设社会主义现代化国家、全面推进中华民族伟大复兴作出新的更大贡献！

　　在砥砺奋进的征途中，广大求是青年要以高远使命升华青春梦想，开拓建功立业的胸襟和格局，锻造向下扎根、向上登攀的过硬本领，以无悔青春报效家国，与母校一起走向更加光辉的未来。

图说浙大：浙江大学校史简本

1897

1927

1949

1998

△ 紫金港校区

△ 玉泉校区

△ 西溪校区

△ 华家池校区

1897

1927

1949

1998

△ 之江校区

△ 舟山校区

△ 海宁国际校区

后记

2009年底，学校组织编写了《图说浙大：浙江大学校史通识读本》，该书自出版以来深受读者欢迎，成为校史校情教育的生动教材，对传承历史文脉、弘扬求是精神发挥了良好作用。

历任学校党政领导十分重视学校的校史研究和编撰工作。党委宣传部、档案馆作为校史编撰的主要责任单位，组织开展了校史读本的编修工作，至2015年六次印行。时隔十余年，学校发展实现了历史性的跨越，为深入学习贯彻习近平总书记对浙江大学的重要指示精神，全面落实立德树人根本任务，传承红色基因，弘扬家国情怀，学校启动《图说浙大：浙江大学校史简本》编撰工作。为使本书内容与时俱进，编写组在前人研究的基础上，广泛征求校史专家和部门意见，吸收、借鉴了最新校史研究成果与资料，对《图说浙大：浙江大学校史通识读本》作了调整和更新：结构上，以学校发展的历史阶段为序，设为"溯源求是""探求崛起""调整发展""迈向一流"四章。内容上，在挖掘和考证史料基础上，对书中部分史实及图片进行了修订、增补，结合学校近年来的发展，对第四章进行了较大幅度的改编，力求更好地展示浙大人秉持初心、接续奋进、屡创辉煌的精彩华章。

本书的出版得到了学校各部门、各单位、校史爱好者的大力支持！部分图文资料引用时未及一一加注，特此说明，并致谢意。由于学校历史悠久、校友及史料众多，难免有疏漏之处，敬请广大读者不吝赐教，以资今后臻于完善。

本书编写组
2023年7月

1897

1927

1949

1998

图书在版编目（CIP）数据

图说浙大：浙江大学校史简本 / 朱世强，黄先海，
朱慧主编 . -- 杭州：浙江大学出版社，2023.11（2025.8 重印）
　　ISBN 978-7-308-24383-4

Ⅰ.①图… Ⅱ.①朱…②黄…③朱… Ⅲ.①浙江大
学 - 校史 Ⅳ.① G649.285.51

中国国家版本馆 CIP 数据核字 (2023) 第 219578 号

图说浙大：浙江大学校史简本

朱世强　黄先海　朱　慧　主编

策划统筹	陈　洁　宋旭华
责任编辑	宋旭华　俞亚彤
文字编辑	倪　萌
美术编辑	俞亚彤
责任校对	倪　萌
责任印制	范洪法
装帧设计	尤含悦
出版发行	浙江大学出版社
	（杭州市天目山路 148 号　邮政编码 310007）
	（网址：http://www.zjupress.com）
排　　版	杭州真凯文化艺术有限公司
印　　刷	杭州宏雅印刷有限公司
开　　本	880mm×1230 mm　1/32
印　　张	9.375
字　　数	100 千
版印次	2023 年 11 月第 1 版　2025 年 8 月第 4 次印刷
书　　号	ISBN 978-7-308-24383-4
定　　价	45.00 元